主编介绍

上海城方租赁住房运营管理有限公司（以下简称"公司"）是上海地产集团租赁业务专业化、市场化运作的运营服务公司。

公司紧紧围绕上海地产集团发展战略及其功能类企业职能定位，致力于成为市政府认可的功能型品牌和地产集团的重要业务板块，打造具有标杆性市场化运营机制的混合所有制上市主体。

公司立足打造"城方"租赁住房运营服务品牌，以"都市梦生活"为品牌核心理念，以"让更多人安居都市、宜居生活"为愿景，为留在城市的各类人才提供更好的生活和发展服务，努力形成市场稳定器、人才孵化器、资产优化器、生活加速器、文化培育器。公司力求以磅礴的造城之势和智慧化的运营管理，助力新型的租住体系构建，服务于"上海2035"，为上海建设卓越全球城市作出应有的贡献。

编者按

坚持"房子是用来住的、不是炒的"定位，让城市更宜业宜居，是中国推动和完善租购并举住房制度的价值所在。在国家着力培育和发展住房租赁市场的时代背景下，近几年来，行业发展迅速，对完善住房市场体系和结构起到了不可忽视的作用。但就目前整体而言，中国的住房租赁市场发展尚处于初始阶段，有许多尚待规范和提升的地方。

行业的持续发展，第一核心需求是安全。尤其在2020年，行业也遇到了较大的挑战。无论市场如何变化，租住的环境、运营服务等多方面，始终都不能绕开"安全"。本辑《租住植根安全》围绕"安全"核心，试图通过行业前瞻观点、技术研发成果、具体实践案例、成功项目经验等多个维度，输出行业"安全"发展的重要性以及解决方案，为推动整个住房租赁健康可持续发展提供可借鉴的参考，助力中国住房租赁市场进一步发展。

CONTENTS
目录

《新时代租住》编委会

主　　任　郑　华

编　　委　陈　磊　陈　湘　陈啸天
　　　　　陈　易　郭　戈　胡金星
　　　　　李鸿忠　沈皓彬　严　荣
　　　　　云　婷　杨现领　赵　然
　　　　　朱　斌
　　　　　（按姓氏拼音序）

执行主编　郁讯波

策划顾问　邱明华　宋　磊
　　　　　（按姓氏拼音序）

专题研究

04 危机管理常态化趋势下　住房租赁行业的发展和变化
赵然 / 文
THE DEVELOPMENT AND CHANGE OF HOUSING RENTAL INDUSTRY UNDER THE TREND OF CRISIS MANAGEMENT NORMALIZATION

10 莫让"租金贷"成为住房租赁企业流动性的安全隐患
张宏伟　肖云祥 / 文
DON'T LET "RENT LOAN" BECOME THE SECURITY HIDDEN DANGER OF THE LIQUIDITY OF HOUSING RENTAL ENTERPRISES

14 试析轻资产类住房租赁企业融资模式及风险　张础天 / 文
ANALYSIS ON THE FINANCING MODE AND RISK OF LIGHT ASSETS HOUSING LEASING ENTERPRISES

18 基于安全理念的住宅玄关室内设计新思考
张冬卿　陈易 / 文
NEW THOUGHTS ON THE HOUSE ENTRANCE INTERIOR DESIGN FROM THE SECURITY VIEWPOINT

生态实践

28 立足全生命周期设计 让租住生活更安全 施杰 / 文
BASED ON THE WHOLE LIFE CYCLE DESIGN TO MAKE RENTAL LIFE SAFER

34 应用安全技术系统 五大维度夯实租住安全
宋红印 刘长华 / 文
5 DIMENSIONS OF APPLYING SECURITY TECHNOLOGY SYSTEM TO STRENGTHEN THE SECURITY OF RENTING

40 公共租赁住房，软硬实力助力居住安全保障 王颖 / 文
SOFT AND HARD STRENGTH IN PUBLIC RENTAL HOUSING HELP RESIDENTIAL SECURITY

业界思考

46 营造"智慧"租住时代的"安全"公共空间
—— 以集中式长租公寓为例 程城 / 文
CREATE A "SAFE" PUBLIC SPACE IN THE ERA OF "SMART" RENTING
— TAKE THE CENTRALIZED LONG-TERM APARTMENT AS AN EXAMPLE

54 疫情后租赁住房社区卫生安全建议探索 胡世杰 / 文
SUGGESTIONS ON COMMUNITY HEALTH AND SAFETY OF RENTAL HOUSING AFTER EPIDEMIC

56 德国租住模式与租赁房屋的开发 宋磊 司思源 / 文
GERMAN RENTAL MODE AND THE DEVELOPMENT OF RENTAL HOUSING

62 为城市人才"安"个家 王沁 / 文
"SAFETY" FOR URBAN TALENTS

生活美学

68 城方堂：在城方堂邂逅"慢生活" 沙淑珍 / 文
MEET "SLOW LIFE" IN WONDER HUB

72 辰十二：消费生活，勇猛"出圈" 郭祖年 / 文
CHEN XII: CONSUMING LIFE, BRAVELY "GOING OUT OF THE CIRCLE"

76 美好但脆弱，租房不应与安全隐患为伍 徐磊 / 文
BEAUTIFUL BUT FRAGILE, RENTING SHOULD NOT BE ASSOCIATED WITH SECURITY RISKS

80 租住生活下的住之美与行之美 殷田 / 文
THE BEAUTY OF LIVING AND DOING IN RENTING LIFE

专题研究

THE DEVELOPMENT AND CHANGE OF HOUSING RENTAL INDUSTRY UNDER THE TREND OF CRISIS MANAGEMENT NORMALIZATION

危机管理常态化趋势下
住房租赁行业的发展和变化

赵然 / 文

图1 公寓门店疫情期间出租受阻分析
图片来源：中公委租赁式公寓创新研究中心（ICCRA 绘制）

2020年新冠肺炎疫情来袭，使得我国各行业都将危机管理提到了首要位置。对于住房租赁这一事关国计民生的行业，疫情的常态化更是摆在行业面前的新课题。

一、新冠肺炎疫情对住房租赁行业影响分析

1. 行业受损严重

住房租赁行业是住宿业的新兴业态之一，与酒店、民宿等短租业态不同，其主要专注于中长期住宿市场。通常，租赁式公寓租赁合同约定的期限都在半年以上，故新冠肺炎疫情暴发期间该行业的直接损失并不明显。但疫情对该行业的滞后影响不容小觑，该行业的潜在收入减少不可避免。

据不完全统计，疫情暴发期间，住房租赁行业的平均入住率同比降幅19%，平均房价基本平稳。综合考虑免除租金带来的收入损失、防疫物资采购支出、一线人员补助、潜在租金收入损失等因素，疫情期间每家门店每月平均损失额6.2万余元，全国集中式公寓损失约7亿元。

2. 租赁需求被抑制

自新冠肺炎疫情暴发以来，全国各地都采取了限制人员流动、强制隔离等有力措施，有效地遏制了疫情的进一步传播。但限制人员流动对于租赁式公寓运营商而言，则意味着限制了客源，并且部分社区和街道禁止企业开展租赁业务，这让租赁式公寓运营商的处境愈发艰难。

调研显示，54.54%的公寓门店曾被限制接待新客户。而这些门店被限制接待新客的累计天数平均已达10.55天。

3. 复市政策初见成效

按照以往的经验，住房租赁市场具有周期性。往年，住房租赁行业会在春节前后迎来退租、新租或换租的高峰。

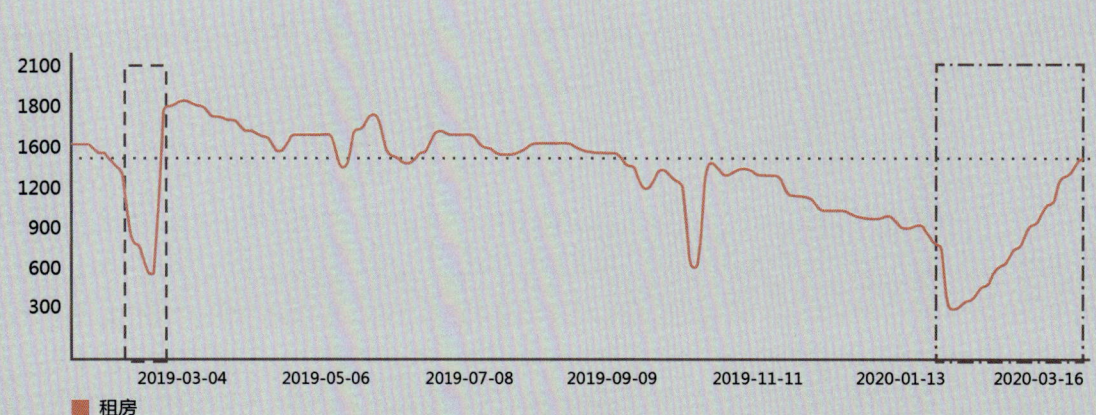

图 2 租房关键词百度搜索指数
图片来源：百度指数 http://index.baidu.com/v2/index.html

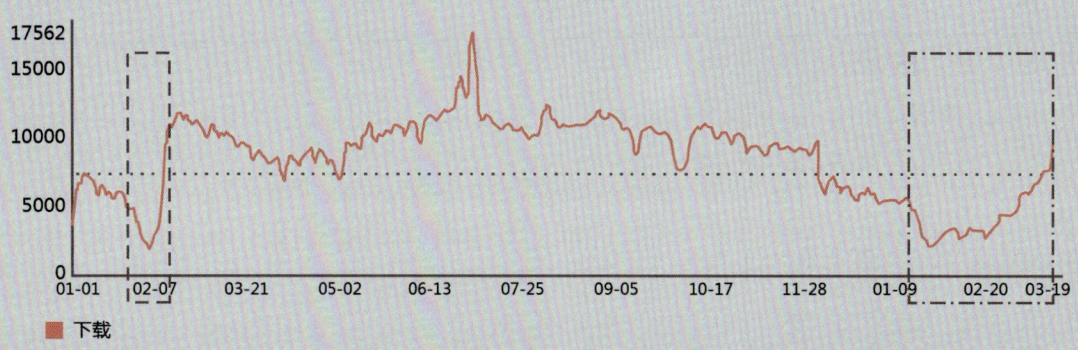

图 3 某公寓品牌 App 下载量
图片来源：七麦数据 https://www.qimai.cn/

因此在春节后，住房租赁市场会有一个从谷底到高峰的明显趋势，这一时期通常被称为行业"小阳春"。

新冠肺炎疫情的暴发虽然在短期内抑制了租赁需求，但随着全国复工复市进程的稳步推进，该需求逐渐释放。分析百度搜索指数与某公寓品牌 App 下载量，可以清晰地看出人员返工返岗比例明显增加，各地住房租赁市场稳步恢复。再加上"租售并举"的国策仍在稳步推进，租户的合法权益将进一步得到保障，租赁式公寓市场发展长期向好。

二、危机管理常态化，住房租赁行业的五大变化趋势

1. 加强行业安全制度建设

此次疫情虽然对社会安全和卫生体系造成了严峻的考验，但在客观上推动了企业完善、加强各类危机应对机制。如何防患于未然，建立完善的安全体系、危机应对机制，是后疫情时期企业思考和发力的重点。

从国际经验来看，美国、日本、澳大利亚等成熟住房租赁市场针对公寓安全制度建设与危机应对机制建设，均有完整的管理体系与方案。具体来看，日本以政府出台相关权

段。我国集中式公寓作为人口聚集场所，防疫管理工作更为严格，工作强度更大。各公寓运营商均借助科技的力量，以智能化、数字化手段来提高抗疫工作效率，保障员工和租户的安全，例如通过物联网（Internet of Things，IoT）技术进行智能化防疫，通过在线监控和视频 AI 身份识别手段对公寓内外部人员进行差异化管理等。

科技助力不仅体现在防疫方面，在日常运营中也有良好体现。美国 Entrata 的调研显示，多数公寓租户对于 AI 交互了解较少，但仍有 62% 的人愿意使用新的科技产品来为他们推荐公寓或进行房屋的维护与清洁，与此同时智能安防、智能温控、智能照明、语音助

威指南为主。例如东京政府于 2015 年出台《东京防灾》手册，详细且准确地写出在遭遇地震、台风等灾难事件时的应对方式，还明确提及企业在灾难中的应对措施，例如应保护员工，尽可能确保备有一周的饮用水、食物、日用品等储备物资，并适当提供心理辅导等。

美国、澳大利亚等国与日本政府出台详细防灾手册不同，其主要以政府出台普适性参考文件、行业协会出台适应住宿行业的指导性文件为主。例如美国公寓协会（National Apartment Association）和美国多单元住宅委员会（National Multifamily Housing Council）均出台相应指导性文件，以公寓行业特性为出发点，提出四大核心要素：制订应对计划、灾前准备、灾时响应、灾后恢复。值得注意的是，各公寓常设包含企业决策者、风险管理、人力资源、法律顾问、信息技术人员、运营管理等职位要员在内的危机应对小组已是行业共识。

2. 科技助力行业可持续发展

在疫情面前，住房租赁行业不仅仅是被动地应对疫情的考验，更是主动地寻找公寓行业抗疫新手

图 4　东京都防灾手册《东京防灾》

图 5 信任 AI 产品公寓租户比例
图片来源：中公委租赁式公寓创新研究中心（ICCRA 绘制）

手等一系列科技产品的需求也在不断攀升。相比之下，我国互联网应用技术位于世界前列，相信随着行业的发展，科技必将成为各企业发展的核心驱动力。

3. 深度聚焦行业精细化运营

"房子是租来的，但生活不是。"向租户提供优质的服务一直是各个公寓运营商努力达成的目标。疫情使得各公寓运营商的服务优势展现得淋漓尽致，想租客之所想，急租客之所急，提供租客需要的各种生活、工作服务，将抗疫隔离变成"乐在居所"。

出于疫情防控的需要，各种生活服务场所都延长了歇业时间，由此也给人们带来了很多生活上的不便。在这一背景下，我国各公寓运营商发挥服务特长，提供了包含预约理发、线上义诊、办公用品租赁等一系列服务，以解租户燃眉之急。由此可见，以服务为本质的住房租赁行业未来必将进一步聚焦于精细化运营，形成各自独有的企业特色。

4. 开拓行业的新媒体营销渠道

隔绝传染通道是传染病防范的有效方法之一，全国人民为切断传染通道，经历了很长一段时间的隔离期。隔离的是病毒，生活还在继续，住房租赁需求不会因为防疫隔离而消失。在实地看房受限的全民隔离期，各公寓运营商在这一时期纷纷推出各种线上活动以精准营销。

观看直播是现在备受年轻消费者青睐的休闲方式，而这一人群也是目前租赁式公寓的主要消费群体。大洋彼岸的美国年轻人沉溺于短视频中，这与我国年轻人现状相一致。可见新的营销方式，已经成功地吸引了目标客群，但如何将目标客群转化成自己的客户，则要依靠过硬的专业素质。因此，如何更好地经营线上新媒体渠道，已是各大运营商研究与探讨的课题。

5. 行业统一规范化发展

被疫情暂时抑制的住房租赁需求，随着社会运转逐步恢复正常，也会得到释放，住房租赁行业势必迎来持续的发展。行业规范化程度越高，透明度越高，市场需求会更旺盛。特别是在快节奏、重隐私的现代社会，一目了然的产品信息更容易获得消费者的青睐。但我国常见的租赁住宅介绍仅限于房间户型和面积的描述，而对于房间所处楼宇的情况、朝向情况、楼层情况很少涉及，租金价格也多以区间价格为主，展示给消费者的是模糊的信息。

在美国等国家成熟住房租赁市场中，政府对于公寓的公开信息有明确的规定，例如房间基本信息、押金的存储以及利息信息、公共物品费用、害虫信息、洪水等自然灾害风险信息等。事无巨细的信息披露，使美国消费者可以清晰且快速地了解相关公寓情况从而进行选择。

我国住房租赁市场目前处于早期阶段，行业规范性有较大提升空间。相信随着获客渠道由线下逐渐走向线上，规范、完整的信息展示将成为公寓行业的必然选择。

三、行业展望与总结

从国际经验来看，加强安全管理、精细化运营、行业规范化发展是必然趋势，这也是我国住房租赁行业由初期走向成熟的必经之路。除此之外，科技与新媒体对于公寓行业的助力也被国内及国外各运营商广泛认可与接受。

栉风沐雨，砥砺前行。相信随着我国住房租赁行业的持续发展及完善，租房居住将被更多消费者所青睐。

作者简介

赵然
中公委租赁式公寓创新研究中心院长。

DON'T LET "RENT LOAN" BECOME THE SECURITY HIDDEN DANGER OF THE LIQUIDITY OF HOUSING RENTAL ENTERPRISES

莫让"租金贷"成为住房租赁企业流动性的安全隐患

张宏伟 肖云祥 / 文

前段时间，在交流疫情对行业的影响时，一位从事住房租赁的业内人士透露，在疫情影响下，某品牌长租公寓资金链出现问题，杠杆用得太厉害，这家公司已经开始与房东和租客谈解约退租。而"暴雷"的原因很大程度上是由于"租金贷"占比较高，加之疫情影响、租客流失引起的多米诺骨牌效应。

通过查阅资料，2017年，该长租公寓有91.3%的用户使用了租金贷，2018年和截至2019年第三季度，这一数字分别为75.8%、67.9%。2017年、2018年和2019年前三季度贷款金额分别为9.38亿元、21.27亿元、31.57亿元；同期，该公寓在"租金贷"方面的利息支出分别为0.52亿元、1.53亿元、1.76亿元。此外，通过"租金贷"模式获取的租金预付款，分别占公司租金收入的90%、88%和80%。然而，同一时期的营收分别为6.57亿元、26.75亿元、50亿元，分别净亏损2.72亿元、13.70亿元和25.16亿元，简言之，营收难以覆盖成本。该公司2019年负债总额为86.26亿元，同比增长79.11%；资产负债率为95.78%，同比增加了13.16个百分点。

不难看出，这家公司在过去几年规模不断扩大，而资金的主要来源实际上就是"租金贷"，也正是因为有了"租金贷"，企业才获得了无限制扩张的资金，致使不顾公司资金流动性风险肆意加杠杆，最终导致公司安全乃至生存受到威胁。

"租金贷"到底是什么，对于行业的发展是否有促进作用，又带来了什么问题？

一、"租金贷"的本质

自2017年以来，在加快建立"租售并举"住房制度的预期下，国内长租公寓市场发展迅猛，不少经营主体四处"攻城掠地"，不断扩大经营规模。与此同时，租房分期贷款作为消费金融的一个适用场景，可缓解长租公寓运营过程中服务商及租赁过程中租房者面临的资金压力。面对这一需求，一些金融中介平台通过一系列"包装"，推出面向长租公寓市场的"租金贷"业务。从金融创新的角度而言，"租金贷"实现了长租公寓经营主体、金融中介平台、租客、房东等多主体互利共赢的一项业务模式，短期内一定程度上满足了各参与主体的根本诉求，长期看，有助于我国住房租赁及消费金融的发展。

"租金贷"是否合法合规，相信是大家关心的一个问题。租金贷是一种金融创新工具，本身没有合法不合法一说，而

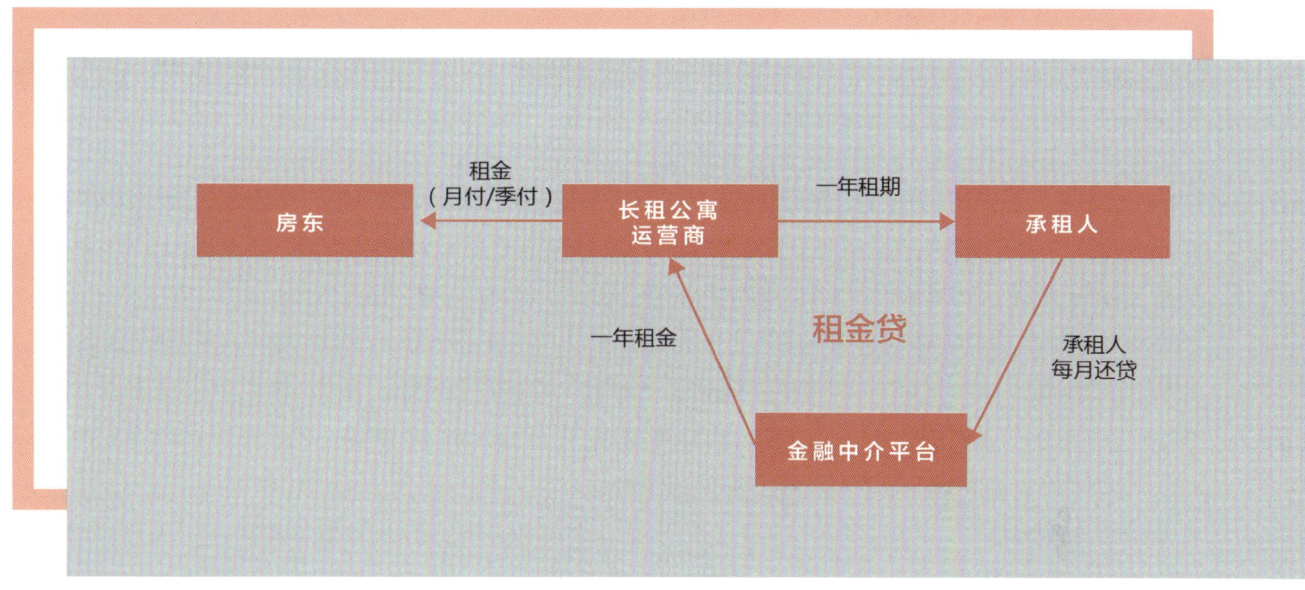

图1 租金贷业务流程
资料来源：克而瑞租售事业部整理

是在于如何运用。我国《合同法》第四条规定，当事人依法享有自愿订立合同的权利。因此，只要租客知情、同意，建立在双方意愿自治基础上的"租房贷"不仅合法，反而是一种互利行为。但企业未尽相应的风险提示义务，甚至在租客不知情的情况下"引诱"租户签下贷款合同，则可能构成违法，例如未在显著位置提醒承租人办理"租金贷"事宜、违规设立"霸王条款"、采取欺诈等手段"骗贷"。从本质上看，"租金贷"是网贷机构积极拓展消费金融市场、将长租公寓作为开展消费信贷的一个具体运用场景。"租金贷"的运用不仅能够帮助承租人和服务商缓解资金压力，促进更多的承租人接受长租公寓服务，而且也可以为金融中介平台拓展业务范围提供新动力，促进住房租赁及消费金融市场发展。

从"租金贷"的业务流程看，一般可分为三个流程，首先，运营商从房东处取得房产使用权，然后向承租者提供租赁服务；其次，运营商与承租人签署租房合同，同时与金融中介平台签署租金分期贷款合同；最后，运营商从金融中介平台，一次性获得所有租金贷款，此时运营商再以月付或季付的方式向房东支付租金，而承租人则以每月一付的方式向金融中介平台进行还贷，也相对减轻了承租人资金压力。

但因为金融中介平台的加入，也使得原来房东、运营商、承租人传统的长租公寓主体关系变得复杂，由三维关系转为四维关系，也带来了法律关系的复杂性。于承租人而言，已经不是单纯的承租人，同时也成为债务人。而运营商则以居间的身份，通过承租人身份所贷的款项来向房东交租，而贷款的余额则由运营商自由支配，建立资金池继续拿房，继续扩张。整个过程中，资金池里的资金就成了"租金贷"的"生存空间"所在。

二、"租金贷"的问题及成因

"租金贷"本身具有创新性及参与主体共赢性，对行业发展是具有推动作用的，但有的长租公寓运营商却滥用"租金贷"，带来了一系列的问题。于承租人是隐瞒实情，存在欺诈嫌疑。于自身则为了获得资金，忽视了公司运营安全，导致流动性风险增加。

在实际运营中，一部分长租公寓运营商在与承租人签署租住协议时，并不主动向承租人明示"租金贷"的发生及风险，而是让承租人在不知情的情况下与金融中介平台签订了贷款协议。但若运营商或房东出现合同违约，那承租人仍需独自承担贷款。在此过程中，运营商以恶意隐瞒、欺诈的方式办理"租金贷"业务，显然触碰了企业诚信经营的红线。另外，运营商将截留的租金移做他用，存在变相融资和侵占他人资产利益的嫌疑。

而对于运营商而言，违约事件频发或当期资金不能及时回收，将对公司的资金链安全造成极大的伤害。在整个交易链条中，因对贷款人还款能力、信用审核得不充分，而导致租房分期付款合同违约的情况大幅增加。少数几家网贷公司公布的坏账率数据显示，2019年第1季度，拍拍贷坏账率为3.8%、趣店坏账率为3.3%，在过去两年这一数据会更高，业内人士曾估计，网贷行业内的坏账率可能达到10%左右。因此，违约率的发生将直接影响到交易闭环内不稳定因素的出现，最终导致债务纠纷的发生。

滥用"租金贷"还会对公司流动性安全产生威胁，甚至造成整个交易链的系统性金融风险。实际上，在引入"租金贷"后，整个交易的过程就已经有了金融属性，加之运营商截留贷款资金，建立资金池移做他用，就使得整个过程具有了流动性风险。而一旦短期内大量房租到期，或因不可抗力因素，比如本次疫情的影响，导致大面积停租，此时运营商将无法快速回笼资金，那运营商的资金链必然承压。此外，一些机构还将房租收益作为底层资产，公开发售资产支持产品，从而将风险再次扩大。因此，若运营商资金链断裂便可能引发连锁反应，从而危及整个市场的稳定运行。

而导致"租金贷"问题的原因，根本上就是长租公寓行业野蛮生长时期，运营主体对扩展资金的极度苛求。在长租公寓行业野蛮生长的阶段，行业内呈现出房源难找、房源贵，而租金回报率低下的现象，同时还伴随着融资难、融资贵、融资渠道狭窄的情况，运营商们面临着多方面的压力。在长租公寓行业竞争激烈的市场环境下，发展规模和住房率是保证企业持续经营、提升市场占有率的关键因素，因此快速提升规模成为长租公寓发展的内生诉求，而扩大规模就意味着对资金的需求，"租金贷"业务模式的出现，正好满足了运营商扩大规模对资金的需求。因此，通过租房分期贷款的运用实现长租公寓项目金融化，是目前长租公寓化解成本和收益困境的一条捷径。正因为是捷径，一部分长租公寓企业才罔顾企业经营安全，铤而走险。

三、"租金贷"问题的监管建议

2019年12月13日由市场监管总局、银保监会、国家网信办等6部门印发的《关于整顿和规范住宅租赁市场秩序的意见》规定，住房租赁公司要确保到2022年年底，通过租金融资获得的付款金额不得超过租金收入的30%。监管层明确了对"租金贷"的监管，这在一定程度上打破了长租公寓通过"租金贷"无限制扩张的野蛮生态。

虽然"租金贷"在一定程度上存在诸多乱象，也蕴含了较高的风险，但其存在对行业具有一定的推动意义。其次国内金融行业也在积极倡导金融创新业务，"租金贷"本身具有创新性的一面。基于此，我们应从"租金贷"本身的合理性出发，对存在影响正常交易秩序的乱象行为，从促安全、防风险的角度进行防范和管理。

首先，监管层要在运营商与承租人签订"租金贷"合同前，向承租人明确阐述参与主体的相关关系以及主体责任。当前，"租金贷"之所以沦为"过街老鼠"，原因就在于一部分企业存在以忽略或欺骗的手段，让承租人在完全不知情的情况下签署了分期支付贷款协议。因此，监管层应该出台相关政策，禁止运营商诱导或变相强制承租人与金融中介平

台建立借贷关系，保障承租人的知情权与自主选择权。另外，还应督促运营商向交易链中的各参与主体，明确告知借贷关系及相关信息，防止运营商私自建资金池的行为。同时，应规定金融中介平台严格建立审核制度，加强执行力度，防止坏账、呆账的产生。

其次，在"租金贷"的业务模式下，整个交易过程已经具有金融化和流动性的属性，因此相关部门应该严控"租金贷"所引起的流动性风险问题。常规意义上，租房与贷款本是关系不大的两种商业行为，但由于"租金贷"的出现，租房和贷款之间的关系实现了交叉，加之运营商将承租人所申请的贷款截留后占为己用，形式上形成了多个商业形态的交叉混合，加剧了风险在各主体之间的传播。如果中介运营商坚持自身中介及服务商的定位，那各交易线之间就不会产生交叉，也不会导致风险流动性的汇集甚至爆发。

最后，构建可持续发展的制度体系。实事求是来看，目前我国在住房租赁行业的建设及法制体系上尚未健全，也导致了长租公寓市场的野蛮生长，并暴露出诸多的问题，有的甚至是血的代价，因此在政策制定层面应构建一个可持续发展的制度体系，确保住房租赁行业平稳健康发展。如在现行法律法规的允许下，为专业的住房租赁企业拓宽融资渠道提供支持和鼓励，解决融资困境和发展瓶颈。同时，针对行业实行差别化的产业政策，如税收优惠政策，减轻行业运营主体的运营负担，鼓励和吸引更多有能力、有实力的大型企业，或国有企业参与到行业中来，带领行业健康稳定发展，同时产生积极的社会效应。

参考文献
[1] 余庭. 从长租公寓"租金贷"观房屋租赁法律风险 [J]. 检察风云 2018（12）:13.
[2] 苗艺伟，郝昕瑶. 租金贷真的是长租公寓乱象元凶？[N]. 界面，2018-09-04.
[3] 翁榕涛，钟广莲. 蛋壳公寓的"杠杆游戏"？[N]. 中国经营报，2020-04-13.
[4] 蛋壳公寓股价暴跌 10%："租金贷"业务被调查 涉及其七成用户？[N]. 华云网，2020-02-19.
[5] 胡楼军. 租金贷问题的法律问题及其规制 [J]. 福建金融，2019（4）:25.
[6] 周艳鸣. 金融创新产品：租金贷的分析及监管措施 [J]. 甘肃金融，2020（3）:41.
[7] 卢继宏，冯波. 住房租赁租金贷问题对策性研究 [J]. 中国房地产，2019（08）:17.

作者简介

张宏伟
原同策集团首席分析师，15 年研究与咨询经验；

肖云祥
同策研究院研究总监，专注于房企研究与租赁公寓市场研究。

新时代租住　NEW ERA RENT

ANALYSIS ON THE FINANCING MODE AND RISK OF LIGHT ASSETS HOUSING LEASING ENTERPRISES

试析轻资产类住房租赁企业融资模式及风险

张础天 / 文

城市居高不下的房价和不断涌入城市寻求自身进一步发展的就业人群住房问题的矛盾日益尖锐，同时为了遵循"房住不炒"、推动住房租赁的政策性导向，市面上出现了大批以长期租赁作为主营业务的企业，也因此形成了多品牌"长租公寓"百花齐放的一时盛景，"长租公寓"也成为金融市场的投资新风口。

然而近几年住房租赁市场的发展并不尽如人意，有一定数量的住房租赁企业，尤其是无自有物业产权，仅从事包租、转租或委托管理业务的企业频频因资金链断裂，无法回流现金导致企业"爆雷"甚至破产，对房东、租客、企业本身以及整个住房租赁市场都带来了极大的负面影响。故而如何保证住房租赁市场融资模式安全性，就成为维持轻资产类住房租赁企业平稳运营、稳步发展的重中之重。本文将试分析轻资产类住房租赁企业现有主要融资模式及存在的风险，同时提出初步解决方法，思考融资安全性的保障途径。

一、主要融资模式

1. 股权融资

股权融资模式为轻资产类住房租赁企业通过转让一部分企业股权来获取风险投资基金的股权融资，投资方通过溢价并购或上市退出从而获得收益。据不完全统计，自2012年至今，公开股权融资76起，总额约266亿元，其中截至2019年9月股权融资额更是高达114亿元。[1]

2. 金融机构信贷

该模式主要有两种方式：第一种为银行或贷款机构根据企业的承租人群体及其信用情况，为承租人办理贷款，使得轻资产类住房租赁企业提前收回应收款形成现金流；第二种主要是银行根据住房租赁企业前期发展情况，为其设计专款专用产品，从而解决了轻资产类住房租赁企业在前期装修和筹开阶段的资金问题。

3. 租金收益权

轻资产的租金收益权（Asset-Backed Securitization，

ABS）模式，是将把租金的应收账款实现证券化的融资模式，其抵押资产即是这类应收账款收益权本身，其将未来的租金收益权作为抵押资产，并通过应收租金形成偿付贷款的现金流。

4. 租金贷模式

目前市面上较为常见的租金贷模式为轻资产类住房租赁企业作为运营方，与房东签订五年左右的长期租赁合同，并预先支付一至三个月的租金，之后运营方对其改造装修后以"押一付一"等营销策略吸引承租人，并与网络贷款机构合作，由该机构与承租人签署房租分期的贷款合同，承租人支付一个月房租后，剩余的贷款资金由贷款发放机构一次性支付给运营方，承租人向运营方支付租金的义务转化为分期向网贷机构偿还贷款的义务。通过此种方法，运营方通过全额收款的方式收取租金收入（即承租人向网贷机构借入的贷款），再以分期方式向房东支付租金，运营方则利用所占用的资金继续扩大业务规模。

二、潜在风险

1. 通过让渡股权来获得融资存在潜在风险

通过让渡股权来获得融资的潜在风险，在于一旦企业管理者和持股者之间发生了利益冲突，那么管理者可能会本能地趋利避害而采取利己而对持股者不利的措施，企业内部无法就运营发展达成一致的可能性增大。此外，虽然就资金获取的安全性而言，股权融资的风险相对较低，但由于近两年来市场投资情绪趋于理性，2019年前3季度以来长租公寓市场公开股权融资数量仅6起，远低于2015年高达23起的融资事件。可见近年来虽然股权融资规模不断扩大，但从小额、多笔转变为单笔、大额的趋势明显，取得风投基金的青睐变得困难，投融资行为聚集于行业内头部企业。

2. ABS产品按约履行回报率存在不确定性

由于轻资产类住房租赁企业需要承担整合房源、装修

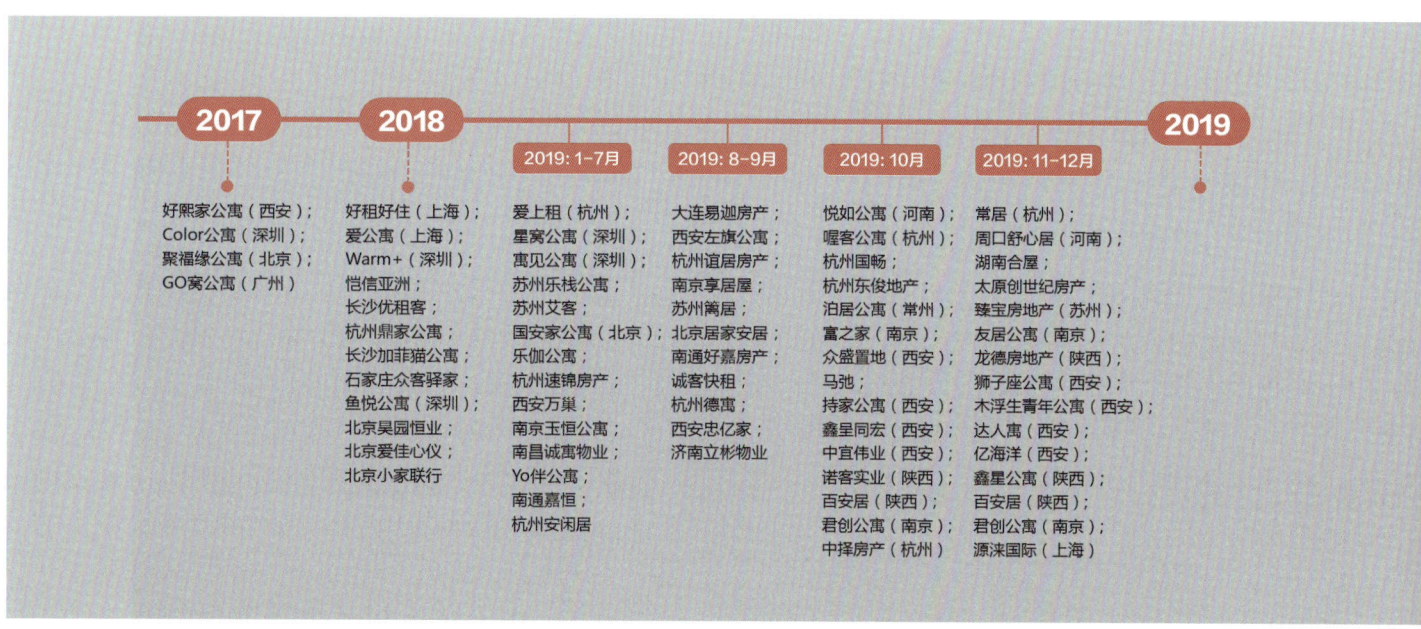

图1 2017—2019年"爆雷"企业名单
资料来源：克而瑞租售事业部整理

改造、营销出租、物业运营等一系列成本，而回收资金几乎只存在一种途径——租金，这就造成了轻资产类住房租赁企业相对较长的回报周期。目前为扩大融资规模，市面上 ABS 产品普遍承诺较高，且因租金收益权作为资产本身风险较高，往往需要发起人出具差额补足承诺函，那么一旦在运营中有任何环节发生资金流动性压力，甚至资金链断裂，例如大量的房租到期而运营方未能及时收回资金，或者某笔资金在进一步投资中出现较大亏损，就有很大可能造成 ABS 产品兑付失败、发起人破产的后果，这也对投资人形成极大的潜在风险，引发连锁反应，从而危及整个市场的稳定运行。

3. "租金贷"业务模式显现较多问题

"租金贷"业务模式是目前轻资产类住房租赁企业最常使用的融资方式，同时也显现了最多的问题。租金贷本质上属于消费金融在租赁领域的创新性适用，其本身并不违反法律法规，若运用得当，无论对运营方、承租人抑或房东均有助益。但是，在实际运营中，不少网贷机构借金融创新的名义进行监管套利，导致"租金贷"在客户端、资金端和运营端暴露出较多的问题和风险，包括：（1）运营方借助其与承租人在信息掌握上的不对称地位，采取隐瞒甚至欺诈的手段诱导承租人，使承租人在并未被完全告知或释明有关贷款的事实和风险的情况下，即与网贷机构签订了贷款协议；（2）由于网贷机构存在对于承租人信用条件和还款能力等方面审核宽松或审核途径不足，导致其无法适当评价承租人能否按时足额还款，从而提高承租人对于分期贷款合同的违约风险，威胁整个交易的安全性；（3）租金贷模式的引入使得整个交易具备了金融属性，因而造成了资金的流动性风险，一些运营方将网贷机构发放的贷款私自截留并形成资金池，再利用资金池进行业务扩张和从事其他投资，导致租赁关系和借贷关系之间出现混乱，进而加剧风险之间的交叉传染性，另外还有部分运营方将房屋租金收益作为 ABS 底层资产发行，进一步导致资金池风险的影响范围扩大。

三、安全性保障途径

出于住房租赁行业回报周期长，融资是所有住房租赁企业都无法避免的一部分，对于轻资产类住房租赁企业，可以从以下四个方面入手来保障融资的安全性。

1. 优先选择达成与银行等金融机构间的合作保障策略

此类型合作风险相对较低，例如可以选择与商业银行合作开发金融产品，承租人选择该金融产品可每月将房租转账给银行，运营方则可向银行支付一定利率的利息后，从银行一次性获取该租客的全年房租，既减轻承租人通常"付三押一"的资金压力，使得银行获取大量优质潜力信用卡用户，又可让运营方提前获取的现金流用于扩大规模，相对直接从银行借贷利率上也会有一定的优惠。

2. 采用发行 ABS 产品进行融资保障策略

建议企业对发行 ABS 后回收资金形成的资金池严格监管，包括实行准备金或者备用金制度，并建立完善的使用和管理制度，以防止不适当的业务扩张给企业带来的资金压力，避免造成企业资金链断裂。

3. 引入租金贷进行融资保障策略

若引入租金贷进行融资，企业可预先审核承租人贷款信息的真实性、有效性和完整性，通过线上、线下认证相结合的方式，考察承租人的贷款意愿、还款能力及风险承受能力；运营方严守租房中介定位，将当事人信息及贷款事宜如实告知房东、承租人及网贷机构，并将网贷机构发放的贷款及时转移支付给房东，按照中介机构的属性开展业务，杜绝在交易过程中隐瞒贷款事实并截留资金、形成资金池挪作他用的行为。

4. 加强运营管理和品牌价值管理保障策略

加强运营管理和品牌价值管理，形成完整的租赁产业链，以此拓宽业务范围、增加租客黏性、降低租客流失率，进而增加运营收入和品牌溢价，推动品牌持续健康发展，降低资金流动性压力，提升租金资产质量。

[1] 克而瑞租售.回顾2019| 长租公寓年度盘点-金融篇[EB/OL].https://www.meadin.com/yj/211522.html,2020.3.11.

作者简介

张础天
上海城方租赁住房运营管理有限公司 金融财务部 法务经理。

NEW THOUGHTS ON THE HOUSE ENTRANCE INTERIOR DESIGN FROM THE SECURITY VIEWPOINT

基于安全理念的住宅玄关室内设计新思考

张冬卿 陈易/文

2020年年初，新冠肺炎疫情使所有人的正常生活都受到了影响，这场突如其来的疫情也改变了人们的生活方式和观念，居家隔离一度成为抗击疫情最有效的方法之一。人们长时间待在家里，对住宅的安全性也有了更多的思考和要求。

玄关是住宅室内外空间的过渡之处，很多人平时只把它当成一处换鞋的地方，但通过这次的疫情，玄关变成了具有防护功能的空间，成为保障家人安全的重要屏障。

一、玄关的概念

《辞海》中将玄关解释为佛教的入道之门，经过不断的演变，现是入口部位、空间序幕的代名词，泛指厅堂的外门，具体是指住宅进户门入口处的一个区域。"玄关"被借用于室内设计，一般认为源自日本。日本人有在榻榻米上坐、卧的习惯，所以对室内环境的清洁度要求比较高，因此，日本的住宅专门设置玄关作为过渡空间，以阻隔外部的灰尘等。

玄关面积虽然不大，却是进出家门的一条必经之路，是室内与室外之间的过渡空间，进入室内的缓冲空间，也被人们称为斗室（小得像斗一样的空间）、过厅、门厅等。现在许多家庭进屋后在此换拖鞋和家居服，因此，也有必要设置玄关作为过渡空间。

二、玄关的功能、类型和设计要求

《住宅设计规范》（GB 50096—2011）规定："套内入口过道净宽不宜小于1.2m。"这可以看作玄关的最低宽度指标。这时，若过道呈直线形，则可安排30cm左右的鞋柜；若呈"L"形，有个奢侈的拐角，就可以考虑布置镜子、花瓶等装饰；若面积达到3～5m^2，整个空间较为舒适；若面积达6～10m^2，则可以进一步增加多项功能。

1. 玄关的功能

玄关是家庭与室外环境的一个过渡，能够给人在心理上提供一定的缓冲作用。在住宅中，玄关的常见功能见表1。

2. 玄关的类型

根据房型和装修风格，玄关可以大致分为以下三类：

独立式玄关：玄关以独立的建筑空间存在，面积紧张时，可以采用转弯式和过道式。独立式玄关能容纳较多的功能，是值得推荐的类型。

邻接式玄关：邻接式玄关一般位于客厅与厨房或者书房等房间之间的位置，这类玄关通常与其他空间结合在一起，尤其需要注意各个功能区的过渡与衔接。

包含式玄关：这类玄关往往包含在客厅或入户花园中，有助于节约面积，但也需要注意功能的区分和过渡。

表1 玄关的常见功能

功能	设计及布置方法	示例图片
视线屏障	玄关能够阻挡外部的视线，充当视觉屏障的作用。这种遮挡效果往往并不是密不透风的，可采用通透的隔断、屏风、较低的鞋柜、桌几等，避免整个居室空间一览无余	
缓冲过渡	玄关作为缓冲过渡的空间，有美化空间的效果，能让室内环境更加整洁、美观，可使用铁艺花架、镜架、陈列品等进行装饰艺术处理，与整体风格相统一	
储物收纳	玄关往往作为衣物、鞋、随手袋子、挂包、钥匙、雨伞、快递邮件、杂物工具等的安放处，具有较强的实用功能	
更衣换鞋	可以放置坐椅、沙发等为换鞋提供方便，也可以为老人归家提供短暂的休息，实现玄关的休息功能	
洁污分区	玄关可隔断室内外环境，形成简易封闭的空间，可设置换洗、清洁、消毒等功能，以满足一定程度上的洁污分区要求	
保温功能	从保温上来看，玄关在北方可以形成一个温差保护区，避免人们在进出时冷空气直接进入室内，影响室内的温度	

资料来源：克而瑞租售事业部整理

3. 玄关的设计要求

在一般情况下，住宅玄关室内设计需要注意以下三点：

美观性：玄关是人们进入室内的第一个空间，必须仔细设计，使人留下良好的印象。玄关可以突出烘托整个住宅的室内设计格调，传达使用者的审美观，营造温馨的居住氛围。

私密性：玄关在进入室内的地方用不同的材料或物体作为屏障，划分出一处空间，在视线上起到遮挡作用，是内外空间的过渡之处，有助于保护住户的私密，避免发生尴尬的状况。

实用性：玄关设计应该讲究实用性，始终关注人的行为方式。除了基本的储物功能、装饰功能外，还应该考虑增加休息功能和安全功能，让玄关更好地为居住者服务。

三、安全视角下的玄关设计新要求

"安全"是一个含义非常广泛的名词。在设计行业，"安全"是设计人员的首要考虑因素，在城乡规划、城市设计、建筑设计、室内设计等各个层面，"安全"都有不同的内涵和外延。本文主要从防盗、防灾（地震、洪水、火灾）、防疫三个方面出发，简要分析住宅玄关的室内设计。

1. 防盗安全对玄关设计的要求

随着生活节奏的加快和休闲方式的增多，人们常常会由于公务出差或外出旅游而离开住宅一段时间。家中无人期间，盗贼光顾，会造成经济损失，因此，防盗是住宅设计中的一项重要内容。

玄关作为入户空间，是采取防盗措施的重要场所。目前，主要通过安装防盗设施来实现防盗目标，常见的装置包括防盗门、隐蔽摄像头、红外触发喷粉装置、振动传感器、称重传感器、电话报警器和防盗控制系统等。

2. 防灾对玄关设计的要求

发生地震灾害时，人们应该迅速疏散到户外空旷的地方去避难。玄关是通往户外的出入口，因此玄关空间中尽量不要多放家具类物品，不要阻挡房门和避难路线。平时，可以将物品收纳到柜橱里，同时，要注意避免抽屉滑出。在玄关处也可以准备手电筒、矿泉水、急救包等物品，以便疏散时随手带上。

发生洪水灾害时，低层住户相对高层住户来说，更容易受到人身伤害和经济上的损失。在玄关内应放置好防灾包，

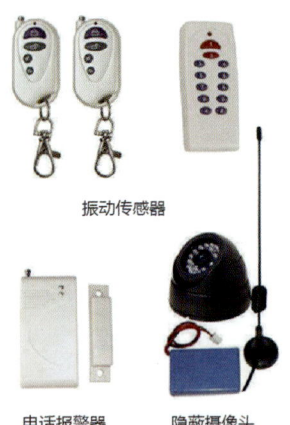  

图1 玄关防盗报警装置的不同种类
图片来源：https://zixun.jia.com/article/541197.html.

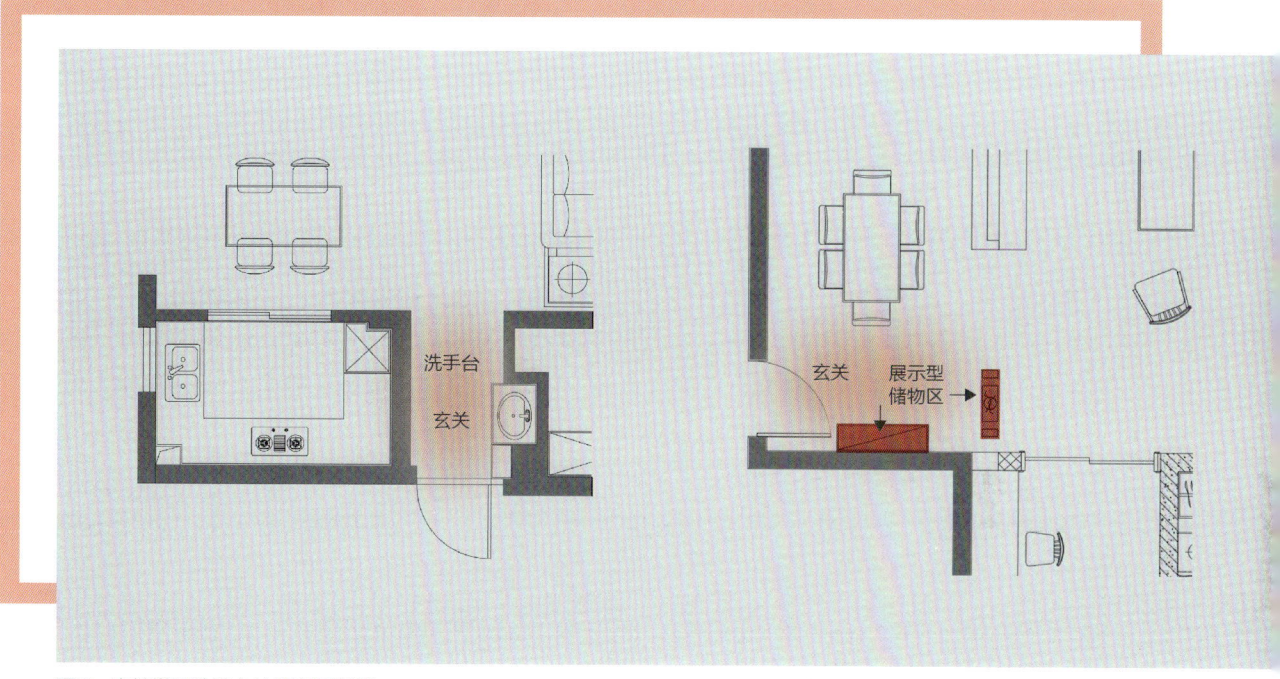

图2 玄关增设洗手台的平面示意图　　　　　　　　图3 玄关增设展示型储物区的平面示意图

并定时检查及更新,以备灾害出现时可以及时自救或有足够的物资等待救援。

发生火灾时,高层住户的逃生相对低层住户更加困难。日常生活中应在玄关准备好防灾用背包、灭火器、绳索、湿纸巾等应急物品,并定时检查和更新补充。

3. 防疫对玄关设计的要求

新冠肺炎疫情发生之后,玄关的防疫功能得到空前重视,成为家中重要的隔离消毒区。当人们外出购物、工作回家,最好在玄关对随身的包袋、衣服、鞋子等物品进行消毒,然后进入客厅与卧室,有效防止将病毒、细菌带入家庭内部。

（1）增设洗手台

"戴口罩,勤洗手"是疫情期间的要求,入户脱衣、洗手是防疫期间的必要措施。在玄关装设洗手台就是一个有效的举措,同时台面下还能增设收纳空间,可以说是一举多得。玄关区增设洗手盆,既便于养成勤洗手的良好习惯,也能及时减少病毒和细菌的传播。

玄关是进出门户的必经之地,所以需要经常清洁。玄关的装修材料

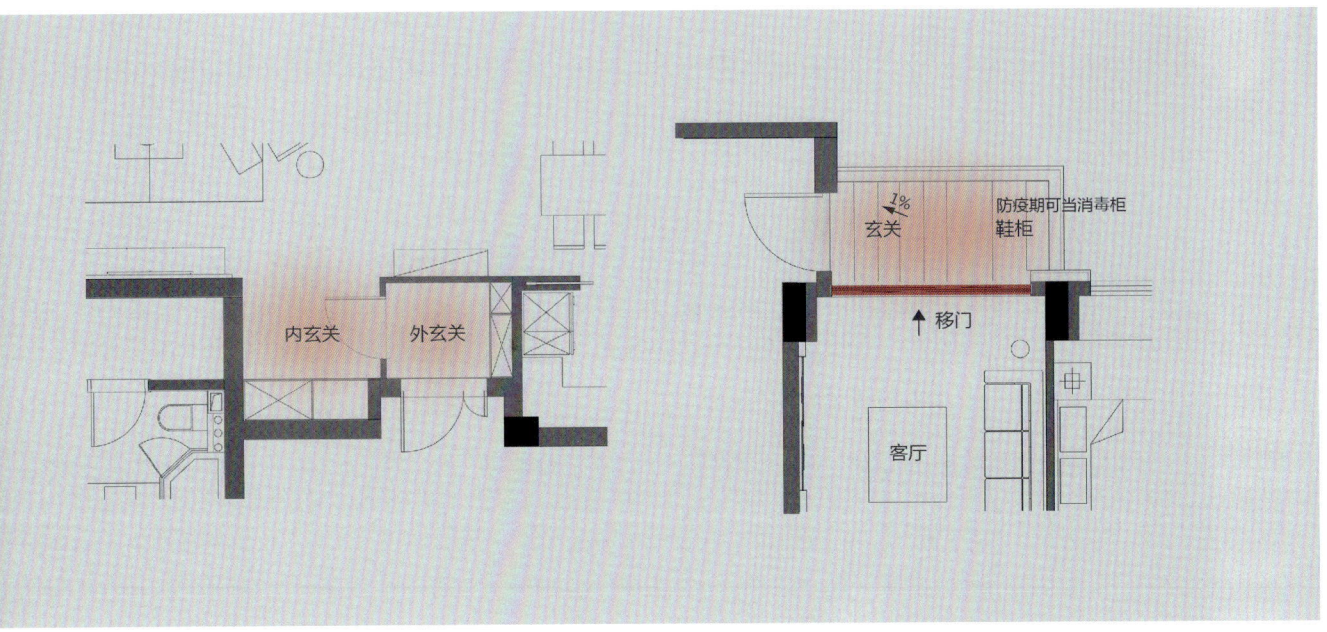

图4 内外玄关的平面示意图　　　　图5 保留阳台的玄关平面示意图

应选择防水、防腐的材料，如各种面砖、防滑地砖和石材等，便于清洗。

（2）增设展示型储物区

在以往的玄关设计中，很多家庭将物品尽可能收纳起来，但从减少接触来看，有些物品应该放置在外面（如洗手液、消毒液等），这样有助于尽量减少手对物品的接触，因此，玄关内可以增设一些展示型储物区，如图3的展示型储物柜，可以把洗手液、消毒液等物品放置在台面上，进门后一目了然，不用翻箱倒柜寻找，减少不必要的接触。

同样，为了减少病毒或者细菌在室内的"移动"，玄关区可以多安装挂钩。玄关内设置的挂衣区也可以是展示型收纳，方便取挂衣物、包袋和及时消毒。

（3）打造隔离型玄关

所谓隔离型玄关，就是入门后不会直接进入室内，在室内空间增设了一道门，通过多一道防线，增加了对自我及家人的保护。隔离型玄关的做法可分为以下八类：

打造内外玄关：在玄关内多增设一道门，可形成内外玄关。正常情况下，外玄关可以放置婴儿车、购物车等用具，在疫情时期，外玄关就可以作为隔离区。

保留阳台及移门：有些老房子的玄关与阳台共享，这时可以保留原始阳台的状况，留住阳台的移门，维持独立的玄关。虽然室内少了阳台的面积，但在防疫时，这个独立玄关却能发挥很大的作用。

玄关加门片（门帘）：可以结合玄关的形态，在玄关尽头加装一道门或者门帘，使玄关成为独立的隔离区。

利用柜体与折叠门围合出独立玄关：若入户空间是开放型的玄关，可以利用柜体与折叠门围出独立空间。折叠门能够藏在柜体后方，收起时不会占据空间。在日常生活中，这道移门关起时还可以节约空调能源；在疫情期间，玄关就能完全封闭，作为独立隔离区使用。

双动线设计：若玄关与某一卧室相连，可以将隔

断改成移门,打造玄关→客厅、玄关→次卧的双动线设计。在疫情时期,次卧能成为隔离房使用,能从玄关直接进入次卧,打造独立的隔离动线。

玄关配置卫生间:洗手、消毒都需要独立空间,因此,条件许可的情况下可以在玄关旁边配置卫生间,在需要防疫的时候,入户后可以马上消毒、洗手;平时,则可以作为客卫使用,远离客厅主动线,与家人使用的卫生间分离。

玄关增设储藏室:在玄关旁布置一间储藏室,在回家时就能收纳身上所有物品,更衣后进入内部,保证了清洁;必要时,这间储藏室还可以作为消毒隔离室。

玄关增设智能化设备:入门处应多使用免接触、少接触的设备,既卫生又便捷,如人脸识别、指纹识别的智能锁、进门智能感应灯等,尽可能发挥科技的作用,减少各类接触。

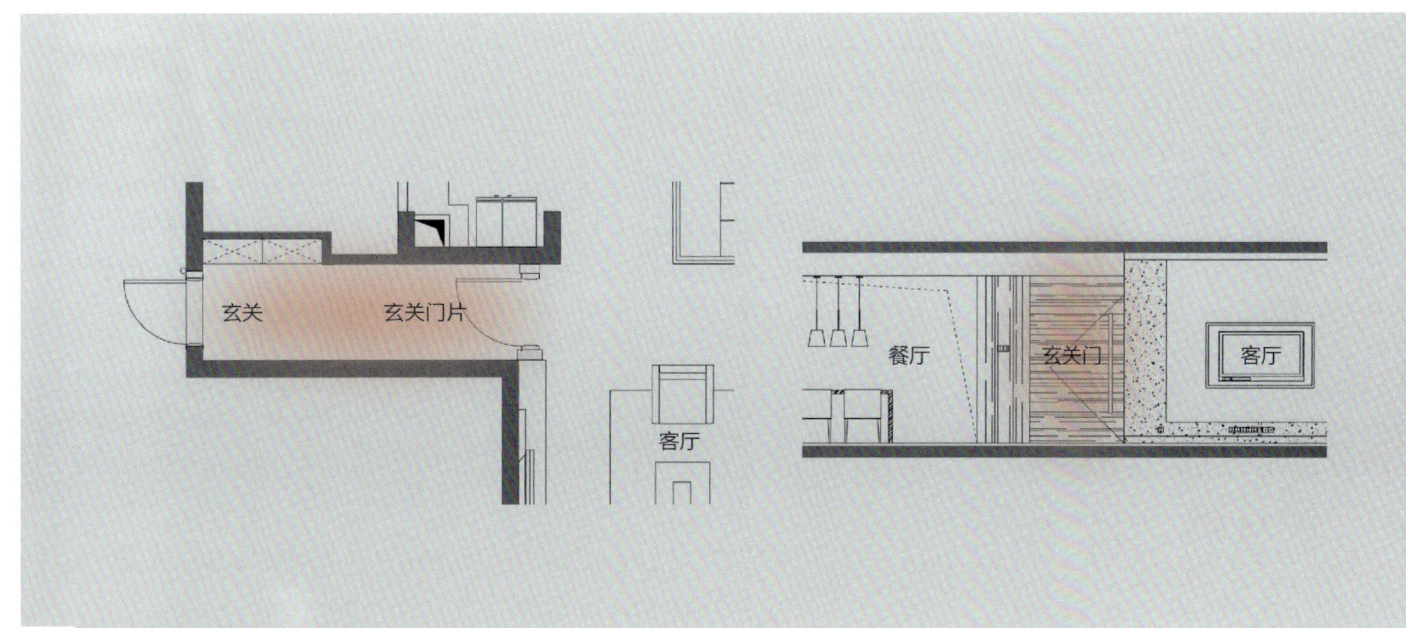

图6 玄关加门片的平面及立面示意图

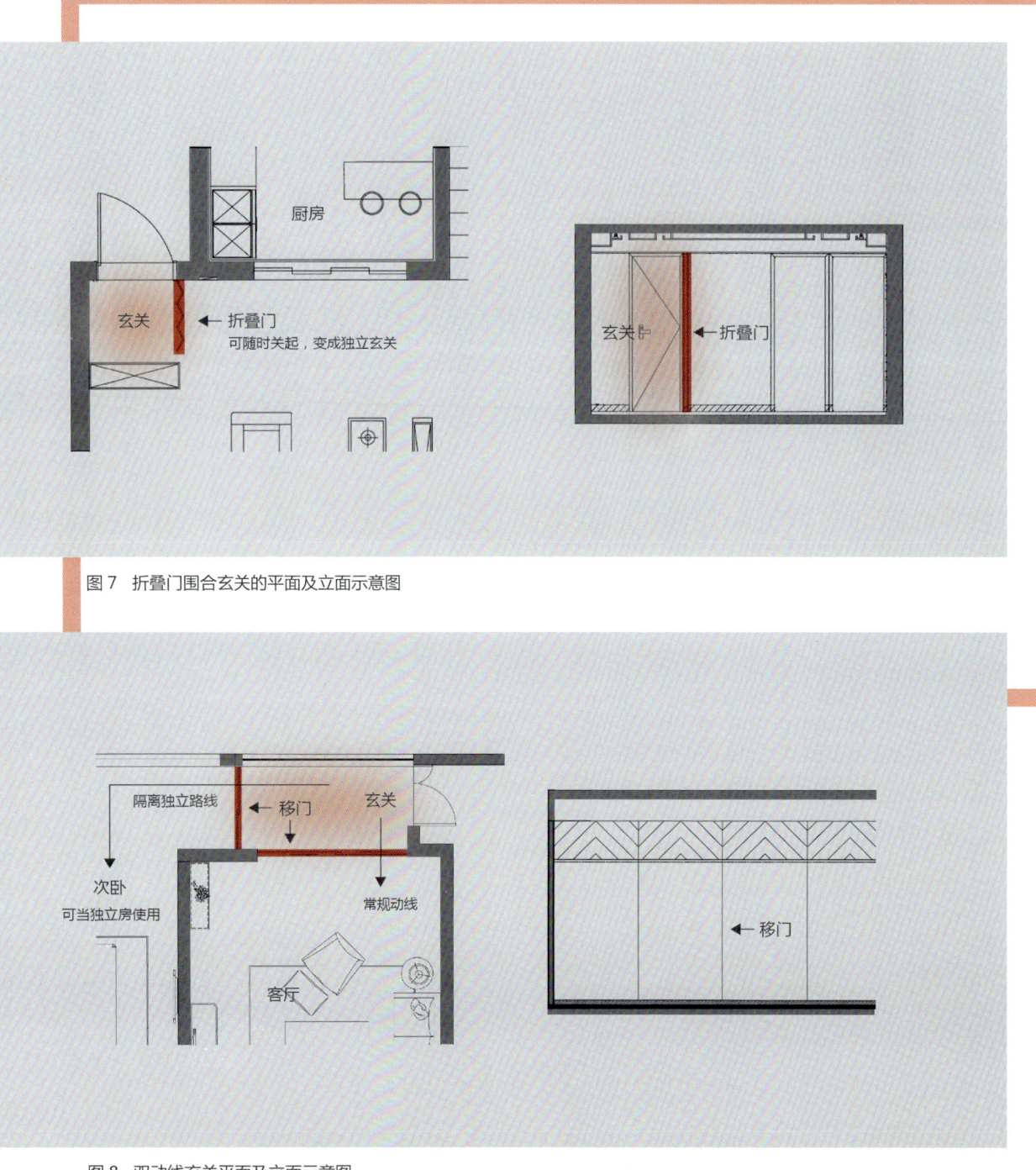

图7 折叠门围合玄关的平面及立面示意图

图8 双动线玄关平面及立面示意图

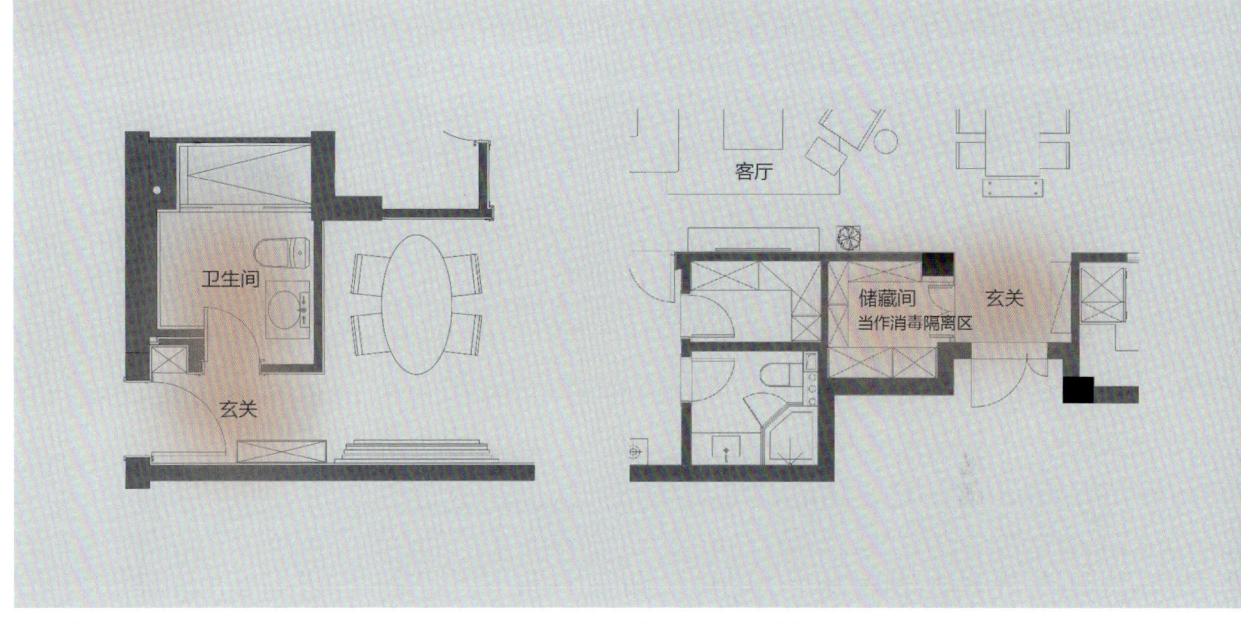

图 9 玄关配置卫生间的平面示意图　　图 10 玄关配置储藏间的平面示意图

四、结语

随着社会、经济的发展，人们的安全意识越来越强烈。玄关作为入户空间，可以通过前期设计或后期改造，承担起相应的防盗、防灾、防疫作用。本文尝试在上述方面提出一些建议，希望能为未来新建住宅设计和现有住宅改造提供参考。中国的集合住宅具有用地紧凑、建成密度高等特点，需要设计师仔细研究，反复推敲，因地制宜，在有限的空间内巧妙设计，尽可能为大众提供安全、健康的居住环境。

参考文献

[1] 李适. 中国玄关与室内设计 [D]. 吉林大学，2010.
[2] 丁艺. 居于现代居室住宅中玄关的作用及设计思考 [J]. 建材与装饰，2020(09)：71-72.
[3] 魏曦，何易，魏素巍，等. 全能 "PPP" 住宅：对后疫情时代住宅的研究与思考 [J]. 城市住宅，2020，27(03)：6-10.
[4] Myhome 设计家. 防疫型玄关的 9 种布局：疫情期间才知道玄关太重要！平面图这样改造，防疫更新.[EB/OL].[2020-03-11].https://post.smzdm.com/p/a6lrg3m0/

作者简介

张冬卿
同济大学建筑与城市规划学院
研究生；

陈易
同济大学建筑与城市规划学院
教授、博士生导师。

城方高能社区·城寓镇宁路店

尊享海派风情生活
城央花园洋房

地址：上海市静安区镇宁路18号

城方活力社区·城寓江月路店

创新、融合、便利活力的品质生活圈

地址：上海市闵行区南江洲路55号、91号、125号

生态实践

BASED ON THE WHOLE LIFE CYCLE DESIGN TO MAKE RENTAL LIFE SAFER

立足全生命周期设计 让租住生活更安全

施杰 / 文

生态实践

中国的城市化进程为租赁住房市场提供了巨大的市场空间。据链家研究院预测，到2020年，租房人数将达到1.9亿；到2025年，中国租赁市场规模将达到2.9万亿元。城市对人才的持续吸纳为租赁市场有一个长期向好的增长预期打下基础。

在正式讨论如何通过设计让租赁住房变得更安全之前，我们需要先关注租赁住房的市场发展趋势。

租赁住房的用户趋于年轻化、个性化、高素质化，20～29岁的城市青年将成为租房主力。他们注重通勤时长和租房舒适度，对生活品质有一定要求。城市租赁市场规模和租金水平呈递增趋势，高端的、安全的、定制化的租赁住房需求必然增加。

从设计维度来说，未来租赁住房的设计需要贴合不同的细分群体提供差异化、专业化的产品设计。设计服务方要边研究、边开发、边总结，逐渐形成标准化设计方案，强调租赁住房产品的安全性、实用性与可维护性。

一、租赁住房设计的两大版块和三个维度

租赁住房设计主要包含两大版块，租赁户型的室内设计以及对于整个社区的一些公区配套。两大版块在进行设计时一定要秉承着使用功能和居住安全的双重标准去思考、判断。

租赁住房的室内设计主要从八个方面展开，即：灵活的空间、可变的功能、集约化的部品、模数化的设计、智能化的科技、装配式的工艺、人性化的体验、艺术化的场景。

再看租赁住房的公区配套，我们将此设计总结为三个维度：导入级、社区级、楼宇级。

导入级设计鼓励租赁社区的主要街区引入餐饮、果蔬超市、卖场等配套商业。社区级设计倡导开放式理念，增加邻里交往空间的设置，通过户外连廊、底层架空等方式提供户外活动的场地与公共空间等。开放街区形式的租赁住房通过共享和社区配套服务设施，来增加城市公共生活空间，同时满足租户对商业、教育、艺术、健身、游乐等生活需求。楼宇级设计指单元楼栋内的快递收发、前台接待、垃圾分类处理等。从而体现租赁住房社区公区的核心设计理念——共享。

二、全生命周期设计提升租赁住房的安全系数

租赁住房设计其实是一个全生命周期的产品，方案设计包括了建筑设计、公区设计、室内设计、收纳系统和软装系统，这是一个完整的一体化解决方案设计。

安全的居住体验、有限的居住面积、建造成本的矛盾，贯穿租赁住房设计的始终。提升租赁住房的安全系数，我们从前期的方案设计、中期的建造装修、后期的监管运营多方面进行考虑。

租赁住房的方案设计应坚持"小套型、全功能、精细化、

可变性、成品房"的原则，满足"适用、安全、经济、卫生"的基本要求。

对于部分租赁住房来说，没有条件对房间来进行实际的区隔，取而代之的是将厨房、卧室、客厅等每个功能房间简化成"功能模块"，在一个整理空间内进行排布。与之相对应的，所有房型的布局、创新也都在功能模块之间优化排布的底层逻辑上进行变化和演进。

区别于私宅的装修方式，租赁住房一般都采取"快装""速装"的方式。5～25天就能装好一套房，通过缩减房源空置期缓解成本压力。但传统的装修方式依赖于工人的手艺，专业素养、服务意识与管理水平参差不齐。不环保的建材和施工方式降低房屋品质，室内甲醛等有害物质释放超标，租赁住房使用寿命短，物业维护成本高。

租赁住房作为一个全生命周期的产品，装修选材应强调绿色、环保、

图1 城方高能社区·城寓古北路店室内效果

图 2　城方高能社区·城寓古北路店室内效果

可持续，首先从源头上减少有害材质的使用。在装修过程中对工艺细节进行把控外，目前业内也在寻找各种新技术、新材料按照环保、实用、经济的原则，一次装修到位。在租赁住房情况允许时，应考虑可再生能源的利用（太阳能、风能、地热能等）以及雨水、中水等回收利用。

装配式内装采用轻钢龙骨结构体系，无醛基材，工厂标准生产、品控，无湿作业，无打磨粉尘，无现场废料，施工期间不影响周围居民正常生活。乐高式地组合安装可以根除现场污染源，环保无毒零甲醛，"装完即住"创造租户安全的室内居住环境。同时，装配式内装为业态调整、翻新改造更新提供了更大的自由度，可能性。可拆改、可回收，材料重复利用率高，80%的部品组件可以再利用，方便运维，实现真正的轻量化维保。

最后，在租赁运营方面，提高居住安全体验主要通过在设计前期预留或植入智能化设备，保障"安全监控一体化"来体现。比如利用智慧门禁系统、智慧梯控系统、车辆识别系统对小区出入人员进行识别验证；利用电子巡更系统、设备安全监测系统对公共区域进行 24 小时安全监测；利用智能联网门锁、安全电子猫眼、智能烟感报警、智能燃气报警、设备漏水监测仪、用电过载报警器、安防红外幕帘等进行灾害事件的预警信息发布保修等，通过这些智能化科技运营系统和居住单元智能体系对于提高租赁住房居住的安全性、打造安心社区起到非常大的作用。

图3 城方高能社区·城寓古北路店室内效果

图4 城方高能社区·城寓古北路店室内效果

图5 城方高能社区·城寓古北路店室内效果

作者简介

施杰
全筑设计集团精装分院院长。

城方高能社区·城寓古北路店

古北经典人居社区
醇正国际化租住生活场

地址：上海市闵行区古北路1700弄30号

5 DIMENSIONS OF APPLYING SECURITY TECHNOLOGY SYSTEM TO STRENGTHEN THE SECURITY OF RENTING

应用安全技术系统 五大维度夯实租住安全

宋红印 刘长华 / 文

在城市用地资源不足、房价居高不下的现实背景下，租赁住房成为城市人才引流的重要手段。流动人才在城市安家立业应最先解决租住安全问题。

近两年来，长租公寓安全问题频出，租客遭遇尾随、入室盗窃、出租房火灾等安全事件频见报道。据58同城、安居客《2020一季度租房趋势报告》显示，41.6%的租客租房时最看重房屋安全性，其次是交通便利性、房屋配套设施、周围环境等，可见"地段好"不再是万金油，"安全性高"已经成为租住市场的风向标。

十三五规划明确提出要建设以绿色、智能、安全为主题的智慧城市。倡导运用互联网思维建立智慧社区，积极使用技术手段对出租房进行安全监管。在住建部、发改委、工信部等确定的300多个国家智慧城市建设试点中，广州白云区对辖内出租屋推广智能电子门禁。杭州曾发布《萧山区出租房屋及"三合一"场所安全隐患专项整治行动方案》，要求出租房有10间及以上（出租床位达10个及以上），安装视频监控、智能门禁装置，过道、房门要统一安装独立式感烟控测器。可见，运用技术手段帮助安全租住体系的快速落地符合政策导向。

租赁住房拥有居住、建筑、人员、运营等基本属性，因此守护租住安全也将围绕这四大属性逐一展开，搭建租赁住房智慧安全五维保障体系。

一、居室维度：智能设备联网保护租客个体安全

人身安全是大多数独居租客关注的焦点，尤其是独居的女性租客。担心自己被尾随、家门口被人窥探、生人敲门、房东闯入等，让租客惶惶不安，归属感无从可谈。

电影《床下有人》中的公寓管理员手上有一张万能门卡，可以随意出入公寓房间，对独居的租客小敏造成精神伤害。现实中不乏长租公寓版的《床下有人》。即便公寓安装了智能门锁，"万能密码"的存在也令租客担忧使用中的安全漏洞。

智能门锁对于长租公寓的高效运营不可或缺，将智能设备接入公共安全网络可提升租户的安全保障。将入户门换为智能联网门锁，当租客签订租房合同以及获得授权后，即可获得权限，自由进出所租房间。当租客房间被非法闯入时，信息将被实时上报租客及运营方，迅速采取行动，保证租客

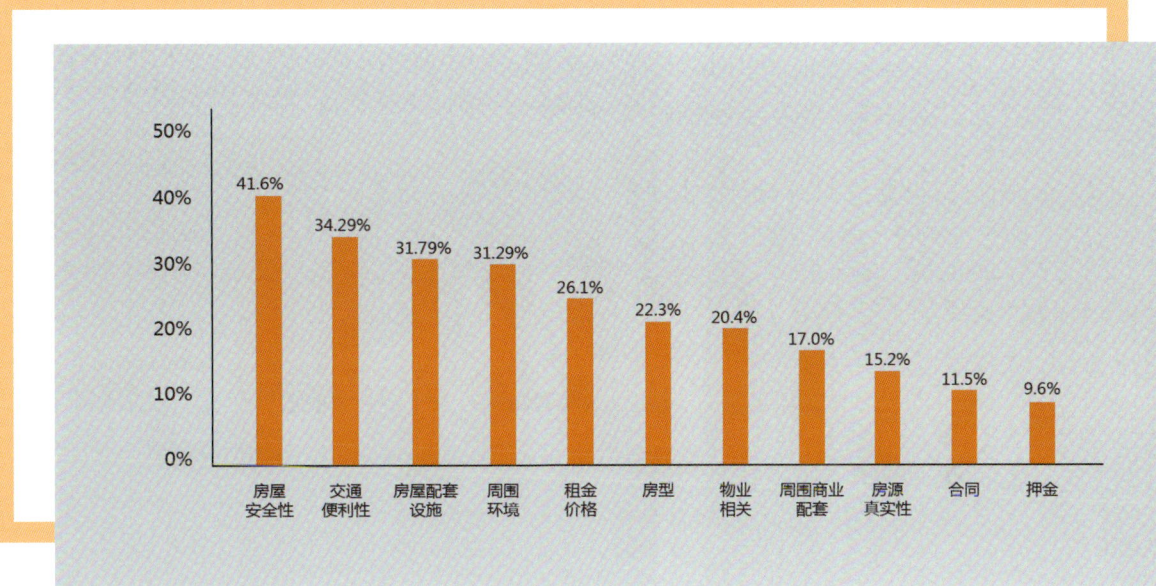

图1 租客看房时重视因素
资料来源：58同城、安居客. 2020一季度租房趋势报告.

租赁住房四大属性

居住属性

满足租客的基本居住需求是租赁住房市场运行的立足之本。

建筑属性

按照租赁住房建筑形态、有社区级、楼宇级两种形态。区域空间则分别有公寓出入口、大堂、室内房间、设备机房等建筑空间及通行管控区域。

流动人员属性

租赁住房入住人群，绝大部分属于外来流动人口。

运营属性

租赁住房是面向社会普通租房者开放的居住类建筑，具备类酒店商业运营性质。

图2 租赁住房四大属性

图3 租赁住房智慧安全五维保障体系

的财产和生命安全。租客退租后，运营方可同步自动取消其进入居室的权限，避免非租客闯入的安全隐患。

用高清广角、PIR红外传感安全电子猫眼替代传统猫眼，可以为租客实现24小时门口监控，通过手机App随时查看，兼具防撬锁防偷窥功能，为租客实现远程看家。

在租客进入常态化生活时，做好房屋内电气设备的安全监测同样能保障租客的生命安全。

租赁住房应按国家相关标准规范要求，合理配置红外幕墙、烟感报警、燃气监测报警等智能化设备来及时探知和预防危险的发生，根据实际情况发出求援信号。比如通知物业、实时报警，以实现运营方或政府监管部门的进一步反应，制止危险发生或处理已发生的危险。

据中国消防报道显示，2019年全国接报火灾23.3万起，其中有52%是电气原因。在租赁住房市场也绝非个例，超负荷用电、跳电、漏电等引发的火情不在少数。通过智能监测设备实时监测，可以对租赁住房的异常用电、用水、用气、管道疏堵等情况进行报警。运营管理平台也可以对租户日常用水、用电数据比对和复查，降低危险损害，避免资源浪费。

二、社区维度：智控系统提高识别验证级别，严守人车行为监控

管理不规范的长租公寓中，不法分子尾随、闲散人员随意出入严重威胁租客人身财产安全。社区安全管理从被动防范升级到主动排雷。做好人车监控在很大程度上能够掌握常驻租客与非租客的生活状态，运用一些智控系统能够帮助社区更快实现分区递进的逐级安全监控。

在社区以及楼宇出入口区域一般采用门禁磁卡、二维码、密码、指纹等方式实现人员认证出入。对于有需求及预算的项目则可采用人脸识别认证方式开启门禁，其出入时间、人员信息均被实时记录和上报。

人脸识别以其唯一性、独特性和不可复制性，极大程度提高了租赁住房住户的安全。当系统探测到陌生人员人脸信息时，会上报到平台，监控中心立即通知安保人员处理。发现可疑人员，则上报公安系统进一步处理。

楼宇型租赁住房基本都配备有电梯，电梯是通往公寓房间最常用的通道，为保障租客不受非租客人员的跟踪尾随，对电梯使用权限授权尤为重要，防止陌生人员进入。与门禁联动的智慧梯控系统，可实现人脸识别信息的联动，租客通过门禁识别后，电梯自动运行至租户楼层。多人同时乘梯时，电梯监控系统可通过多人之间有无交流互动等，判断出同行者还是尾随者，进而采取相应的预警处理。

对于社区型公寓需配置停车场库管理系统，对进入公寓的车辆进行登记、识别和验证放行。停车管理系统具备车辆识别、信息校验、车位监控等管理功能。后台能够实时记录、监测车辆通行情况，确保可疑车辆无处藏身。

租赁住房公共区域的安全管理是保障租客安全的第一道门户，通常在社区以及楼宇出入口、大堂、公共通道、电梯间、停车场库区域以及设备机房、消防监控等区域设置视频监控系统，实现视频拍摄、

图4 室内安全系统

图5 安全管理系统

人脸识别、陌生人尾随报警、行为轨迹追踪、危险行为报警等场景功能应用，对公寓区域实现实时监测，值班人员可在安保中心通过监控大屏对公寓区域安全实现集中式全范围的监控管理。

而对于社区周边的安全防护，则视封闭式或非封闭式社区而定。可采用电子围栏形式的周界防范系统，或对出入口区域设置视频监控系统，实现社区周边入侵安防监测。

三、访客维度：非配合式人脸抓拍注册，分门别类授权

对于社区来说，租客的亲朋、同事以及快递外卖、钟点工等都会来访社区。为确保公寓社区的人身安全，需要对访客进行出入申请、身份登记及信息核实等管理手段。很显然，在这个快节奏的信息化时代，传统的手写访客登记模式已经不适用于现代化的小区门禁管理。

楼宇型或社区型租赁住房，可通过设置可视对讲系统识别访客身份，社区安保在登记及验证访客身份信息后，访客即可在规定时间内获得特定区域的出入授权，其身份信息及出入信息将被实时记录和上报。

访客系统采取非配合式人脸抓拍注册，通过监控体系实时掌握这类访客的行动轨迹及留滞时间。确保快递员、外卖员、钟点工进入指定楼栋、楼层，并在规定时间内离开社区，如有意外直接联系社区安保。

访客系统还能够对接警综平台，访客在进行证件登记和人脸识别的同时，访客系统就会自动与警综平台上的信息比对，一旦识别出可疑人员就会立即自动报警，将危险拦截在社区大门之外，守护社区的安全。

四、消防维度：实时感知排查，迅速反应处理

楼宇内火灾安全事故发生频繁，长租公寓因消防检查不过关而进行专项整顿的比比皆是，加强消防设施的监测管理迫在眉睫。2019年12月30日至2020年1月8日，全国家庭火灾事故32起，死亡35人；一次性死亡3人以上火灾事故4起。不规范的用火、用电、用气都会造成室内火灾事故，尤其在人员流动大、消防工作薄弱的租赁住房市场。除了租客的安全意识要加强教育，对于容易发生安全隐患的设备设施、电气、燃气等有关区域主动监测防范。

租赁住房项目要借助现在日益成熟的物联网技术和感知技术，不断提高消防设备运行与故障探测能力、反应能力，使消防安全防范达到预期目的。比如对电气线路、可燃气体、火情、窨井盖、消防占道、消防给水的设施设备要做好实时监测与告警上报，从而做到及时发现、及时处理。

一旦发生火灾等情形，这些消防监控系统实时感知，并通过监控平台同时通知租客、运营方以及消防监管部门。将火情控制在初期状态，对于保护租客的生命与财产安全具有重大意义。

五、物业维度：人防、物防两手都要抓，两手都要硬

对于物业管理人员而言，租赁住房的人员流动性、租客身份等仍然具有很大的不确定性，这就像是一枚定时炸弹。更新租客信息、确认租客的权责，以及房屋维修、漏水应急处理等责任、产权车位的使用权等都在困扰物业管理工作。

另据58同城、安居客《2020一季度租房趋势报告》显示：37.9%的租客在租房时都遇到了"房屋设备损坏没人维修"的问题，会因房屋设备维修感到"很烦恼"。

物业管理系统不仅帮助租赁住房物管部门管理访客登记查验、公寓区域安全巡视。还对公寓内设施设备（如电气线路、电梯、设备机房以及物联网智能系统等）进行监测管理、点检巡查、维修保养。进一步强化租赁社区的人防与物防，创造安全的生活环境。

居住是城市作为人类主要生存空间的基本功能，安居乐业是经济社会发展的基础条件。"居住安全"不只是租客的迫切需求，更是租赁住房进入品质化运营阶段后，需要时刻遵守的行业准则。希望通过安全技术系统的建设和完善，降低和减少安全隐患，提高租赁住房应对安全风险的能力，这也是保障租客及租赁社区安全居住的应循之道。

作者简介

宋红印
全筑股份智慧公寓事业部运营主管；

刘长华
上海全筑建筑科技有限公司产品技术研发经理。

新时代租住 NEW ERA RENT

SOFT AND HARD STRENGTH IN PUBLIC RENTAL HOUSING HELP RESIDENTIAL SECURITY

公共租赁住房，软硬实力助力居住安全保障

王颖 / 文

公共租赁住房是指由国家提供政策支持、限定建设标准和租金水平，用低于市场价或者承租者承受起的价格，面向符合规定条件人员的保障性住房。公共租赁住房不是归个人所有，而是由政府或公共机构所有。

公共租赁住房作为保障性住房，不同于"经济适用房"或"廉租住房"。公共租赁住房扩大了保障范围，一定程度上，有助于克服廉租住房和经济适用房的所形成的"夹心层"问题。由于廉租住房、经济适用房和商品房三者之间不能实现对接，形成两个数量庞大的"夹心层"。而公共租赁住房则是以低于市场价的标准出租，在保障范围上实现了与商品房的对接，并能一定程度上引导国民"先租后买"，用租住公共租赁住房实现过渡。

上海地产集团市筹公租房是按照市委、市政府的工作部署，重点服务上海建设卓越的全球城市和"五个中心"需要引进单位和人才的住房需求。

上海地产集团旗下六大市筹公共租赁住房由城方提供服务，城方作为上海地产集团旗下城市租赁住房运营服务品牌，用行业的专业与经验，为市筹公租房赋能更多，使保障升级，助力城市青年圆梦！

一、硬实力：有竞争力的品质社区

核心地段：6个社区均在中环核心地段，交通便利。主要分布在上海南站、徐汇、浦东后滩、普陀、闵行古美等区域。

租期稳定有保障：合同期2年，到期后仍需租赁的，可再连续续租2次，最长为6年，提供一个最合理的时间过渡。

社区品质高：与高端商品房社区同品质，采用石材外立面，小区绿化率高，楼栋间距宽。

价格合理：以市场平均租金作为定价参考，充分保证社区品质下，低于市场平均租金。

拎包入住：精装修，配备基础家居装修，拎包可入住，方便快捷。

居住安全安心：由国家认证的物业公司提供24小时物业服务，对租户物业费全额免单。

图1 上海市筹公租房社区室外实景

二、公共租赁住房软实力：有竞争力的运营服务

目前上海公租房社区多为自运营模式，城方引入市场化运营服务内容，持续为公租房租户输入服务。

1. 精英入住

6个市筹公租房项目，共计服务各类优质企业单位679家，以国企央企、中国500强企业、高等院校等为主。城方不断拓展与持续跟进每一家企业，为企业优质青年员工提供居住保障，在2019年年度抽样调研中显示，社区租户本科及研究生以上学历占比91%。

2. 党建联动

城方与市筹公租房所属街道、政府等建立良好联络，实时通达信息，通过企业党委、城方、街道等嫁接联动，为社区创造更多党建环境及活动，充分助力企业员工工作8小时之外的宜居生活。

3. 运营满意

城方经租管理中心位于社区一线，为租户提供看房、签约、缴费等办理服务。通过专业化培训及定制标准化流程，提高运营效能与企业及租户满意度。

新时代租住 NEW ERA RENT

图 2　上海市筹公租房样板房实景

4. 社群创新

城方与各企业、街道联动，结合社区及租户需求，为租户打造新型社群交友方式，年度举行兴趣爱好、交流分享、职业培训等各类活动共计 92 场。助力社区环保及提供便民服务，打造首个社区垃圾分类铛铛车，被徐汇新闻办、上海绿化和市容管理局等官微报道。

与此同时，为入沪青年提供安居宜居环境，上海市筹公租房所有服务团队万众一心，即使在面临突如其来的新冠肺炎疫情，保持严谨、勇于担当，守住社区一线，保障公租社区几万人的居住安全。疫情期间，城方全员 24 小时在线抗疫，秉持"守住大门、管好人员、控好关键"的原则，实施网格化管理，在新冠肺炎疫情防控期间，做到每日与近千名湖北籍租客联络，实时更新动态；每日与未联络上的租客持续联络，不遗漏一名租客；每日与近百名隔离期租客了解动态，做好每一户重点人员信息跟踪和居家隔离配合；完成近万名外地租客情况一一摸排，时时与街道公安对接；官微公众号每日发布防疫咨询及社区动态，使租客第一时间了解社区防疫情况。

日日夜夜守护，公租房社区无一疑似、无一确诊。显然，市筹公租房不仅拥有着硬实力与软实力，更证明了责任感与信任感。真正做到了租住植根安全。

图3 上海市筹公租房社区活动

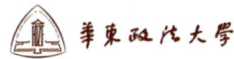

图4 上海市筹公租房部分服务企业

作者简介

王颖
上海城方租赁住房运营管理有限公司
公租事业部 运营服务中心主管。

城方超级社区·城寓华山路店

畅享精致生活
在历史底蕴与摩登繁华间

地址：上海市长宁区华山路1038弄161号

城方活力社区·城寓蟠龙路店

虹桥主城 世界舞台
全球精英汇聚的理想生活之地

地址：上海市青浦区蟠龙路396弄

业界思考

CREATE A "SAFE" PUBLIC SPACE IN THE ERA OF "SMART" RENTING —TAKE THE CENTRALIZED LONG-TERM APARTMENT AS AN EXAMPLE

营造"智慧"租住时代的"安全"公共空间
——以集中式长租公寓为例

程城 / 文

业界思考

　　"智慧型租住社区"作为当下租购并举、租售同权政策下的新型社区模式，已在全国推广开来。在"健康人居"的建造理念盛行的今天，人们对空间安全的要求也在不断提高，"安全"的内涵和边界也在不断扩大，尤其是在今年新冠肺炎疫情的影响下，对空间安全提出了更高的要求。本文从建筑本体和人的需求两个层面简要分析了空间安全的主要内涵，以集中式长租公寓为例，探讨了其公共空间设计的重要性，分析了目前集中式长租公寓公共空间设计中存在的问题和设计要点，尝试提出了在"智慧互联"技术支撑下新的公共空间设计策略，旨在通过对集中式长租公寓公共空间设计的探索，为其他"智慧"租住产品的公共空间设计提供参考。

　　一、"空间安全"的内涵

　　"空间安全"（Space Security）自古便是人们对于建筑空间的原则性要求之一，古罗马的建筑师维特鲁威在其著作《建筑十书》中便提出了"坚固、适用、美观"的三个原则，并对今后的建筑发展产生了深远的影响。直到现在，我国的工程设计也一直遵循的"安全、适用、经济、美观"的指导思想。这里的"坚固"与"安全"都是从建筑结构本体层面提出的，主要指的是建筑的耐火等级、防火设计、结构安全性与耐久性等方面。

　　当然，这本来也是人们对于建筑空间的首要需求。但是，"空间安全"的边界和内涵随着时代的发展被不断完善和扩展。当下，对于"空间安全"的需求早已超越了建筑本身对结构安全及其耐久性的硬性条件，而是更加以人为本，关注人的多元需求。"健康人居"理念就是其代表之一，这里的"健康"主要包括两个层面：首先是生理健康，每个人对自己居住生活的室内空间的安全要求始终要高于对外部环境的要求。特别是当发生不可控制的外部环境污染、公共卫生安全事件时，这种需求就显得尤为迫切。在突发新冠肺炎疫情的影响下，每个人都被要求待在家里，减少外出，不仅是为了隔离病毒，也从另一方面反映出居住空间安全的重要性，迫使每一个人重新思考"生命安全与空间安全"的意义。其次是心理健康，家的空间可以让其家庭成员获得放松的环境，治疗内心的创伤，享受幸福时光。家是每个人心中避风的港湾，同时也能保证自己的隐私不被泄露，这种空间的安全性比任何空间都要重要。

　　二、租住空间的兴起

　　随着我国租购并举政策的稳步实施，租赁住宅作为我国房地产市场的开发模式之一，在确立之初便以缓解人均收入增长与房价增长不同步、不均衡的矛盾以及盘活房地产市场存量为目的。通过几年的发展，凭借国家政策的大力支持和市场的积极响应取得了可喜的成果，并呈现出规模化、集中化、产业化、复合化、智能化的特点，在全国范围内迅速推广。

新时代租住 NEW ERA RENT

当然，这里的市场反应不仅是满足了公众对屋有所居及其居住面积的基本需求，还体现在公众对于通信服务、物业管理、安全保障等众多服务档次的提升上，这是互联网时代和知识经济体制下，人们对物质文明和精神文明追求的必然结果，是建立新型生活方式的根本保障，同时也促使传统社区通过高科技手段延伸其服务功能，创新服务方式、扩大服务范围、智能化的租住社区就是其中最重要的方式之一。

集中式长租公寓作为租住社区类型的代表之一，不同于房源分散的分布式长租公寓，集中式长租公寓是各大租赁住宅品牌里的主力产品，是其品牌影响力的重要支撑。然而在居住空间日趋同质化的趋势下，其对于品牌效应的控制越来越细分，从设计到用料，再到最终的建成效果，每一个环节的细节都会影响其品牌形象，公共空间（以下简称"公区"）就是各大品牌重点关注的对象。

三、集中式长租公寓公区设计的重要性

广义上的"智慧"租住旨在通过大数据互联技术，全面整合互联网、地产、家居等资源，对传统短租、日租、长租、整租、合租等多种租赁方式的智能化整合，依托互联网技术和智能手机App，实现分时预约、轮次选房、分时使用、智能汇集、全时服务，全面提高住宅租赁市场的资源利用率，满足用户衣食住行的多种需求。

这种先进的租住方式，对公区的要求尤其高。主要表现在以下四个方面：第一，公区作为智慧社区的门面，是租客产生第一印象的重要场所，对设计品质有很高的要求；第二，公区的空间设计相对开放，除了满足普遍的使用功能要求，还应能根据不同对象、不同时间的使用需求进行灵活布置；第三，公区环境应具有一定的可识别性，与私密的居住空间既相互区别，又相互联系；第四，公区的空间因为使用人数多、频率高，其空间安全也是一个不容忽视的问题，主要包括卫生安全、消防安全等方面。

图1 某青年社区公区
图片来源：中国长租公寓网 https://www.zgczgy.com/

表1 集中式长租公寓的公区分类

序号	公寓面积	客房数量	公区面积	公区功能
1	1000m²	≤40间	30m²	接待、阅读上网、工作会客
2	3000m²	≤120间	80m²	休闲区（阅读、上网、聚餐）、公共厨房、锻炼区
3	3000~6000m²	≤240间	150m²	休闲区、游戏区、娱乐区（桌球等）、锻炼区、观影区
4	6000~10000m²	≤400间	200m²	休闲区、游戏区、娱乐区（桌球等）、锻炼区、观影区，以及比较大的空间，比如培训教室、路演会场、举办各类集体活动场地

资料来源：依据《旅馆建筑设计规范》（JGJ62-2014）、《住宅设计规范》（GB 50096-2011），《民用建筑设计统一标准》（GB 50352-2019）相关条文以及相关实践案例整理后重绘。

公区设计的重要性还应从租客和运营商角度出发，进行协同处理。从租客的角度来看，在设计风格和房间功能日趋同质化的前提下，公区设计便是差异化最重要的体现，要让租客在日常两点一线的乏味生活之外，还能有一些放松和想象的空间。一个充满创意、趣味多元的公区设计能够直接增加潜在租户的入住意愿和既有租户的续租热情。

随着"95后"甚至"00后"成为集中式长租公寓的主要客户，他们对于居住环境中功能和服务的需求对长租公寓提出了新的要求，比如空间应提供丰富多样的可能性以增进人与人、人与空间的互动、社交场景的灵活切换等。对于运营商来说，公区是其品牌效应的重要体现，也是其宣传的重要支撑，更是其品牌溢价的重要组成部分。另外，因为公区本身和房间一样每天都会产生租金成本，公区的面积和功能，以及每个租户最终分摊租金成本，都直接影响租户的租住体验，也直接影响项目的商业价值。

四、集中式长租公寓公区设计中存在的问题及其设计策略

对于集中式长租公寓来说，公区的设计好坏直接关系到公寓的品质。根据公寓面积和房间数量不同，公区可被分为四类（表1）。公区里功能复杂，包括接待（签约、会客、聊天）、公共厨房（聚餐、咖啡、简餐、西点）、PARTY（聚会、各类节日活动、观影）、健身游戏（台球、棋类、跑步机、瑜伽）、办公（创业说明会、培训讲座、路演、阅读、上网、工作）等，如此多的功能，均要整合在公区里，这就难免会出现以下问题：

（1）功能杂乱，流线交叉，功能与功能之间互相打扰；

（2）交通空间过多，空间利用率不高；

（3）空间嵌套，主次功能无法区分；

（4）由于功能嵌套和流线交叉，无法分时使用，能源浪费较大；

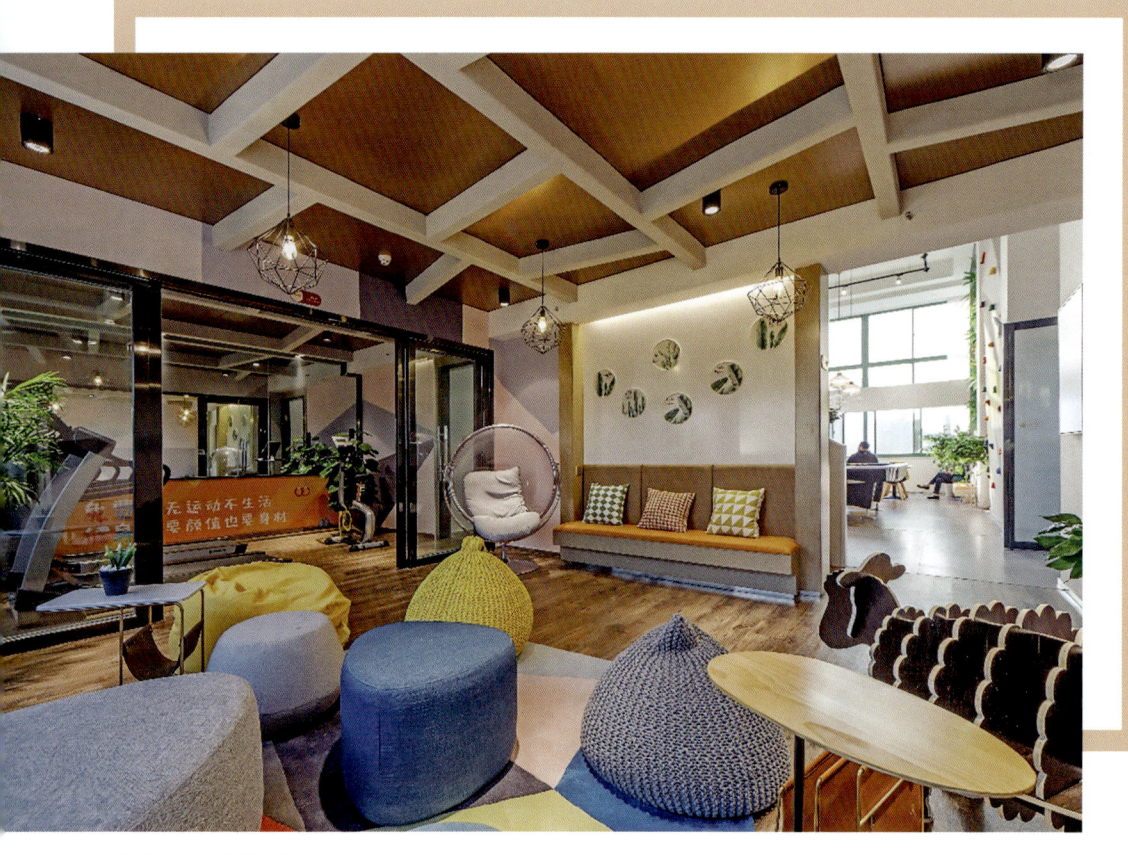

图2 某青年社区公区
图片来源：中国长租公寓网 https://www.zgczgy.com/2018/04/23

（5）由于功能复杂，公区多被居住空间包围，室内空气环境质量不高，通风效率较低，空间卫生安全难以保证；

（6）租客各自需求不同，无法做到按需配置。

针对这些存在的问题，对于公区的设计应从五个方面考虑，这五个方面相互影响、相互促进，需要在设计时统一考虑、统一协调，缺一不可。

1. 从房间数和体量入手

公区利用率与房间数、体量、功能区域面积成正比，与边际成本成反比，体量越大，面积越大，功能越多，利用率也越高，边际成本就越低；反之，则需要慎重考虑在有限空间内的功能叠加问题以保证长租公寓的经济效益。一般情况下，大部分集中型长租公寓需要将多种功能集中布置在公区，以提高其公区利用率，但需要注意的是避免流线交叉。

2. 从房间内部规划设计入手

集中式租住空间的核心是租住房间，房间的大小直接关系到公区的质量，若房间较大，内部厨房、餐厅、客厅等配套设施齐全，公区设计时仅需加入必要的娱乐设施即可。反之，若房间较小，则需要增加公共区域的功能作为补充。同时，公区的尺度与人的心理社交距离紧密相关，这就需要基于人体工程学的空间设计来引导使用者的行为方式（表2），通过空间来规范和引导使用者的行为，改善人与空间、人与物以及人与人之间的沟通模式。

3. 从产品定位入手

公区的设计应与产品的定位层次相匹配，并略高于产品的定位，才能让租客有物超所值的感觉，以便提高其商业溢价。反之，若公区的档次地域产品的定位，会让租户的租住体验大打折扣，其所带来的负面影响也是难以估量的。

4. 从空间安全入手

公区的设计应在保证消防安全的前提下，尽可能减少交通面积，提高利用率。同时还应注意通风流线的组织，提高通风效率，定时对新风系统进行消毒处理，营造清新卫生的室内空气环境，在满足不同人群、不同需求的同时，保护部分人群对隐私安全的需求。

5. 从周边的商业环境入手

周边的商业环境是决定产品租金售价的决定性因素之一，若周边健身、咖啡、瑜伽、KTV、酒吧等休闲娱乐设施齐备，公区设计可减少这部分的面积配比，可将空间放置其他功能。

五、"智慧"时代的集中式长租公寓公区设计策略

正如前文所述，集中式长租公寓的公区是一个多元功能的集合体，然而不同的人，在同一个时间段，会有不同的需求；同一个人，在不同的时间段，也有不一样的需求。若将这些功能固化在同一个公区环境内，难免会出现流线交叉、空间不够的问题。智慧时代的来临，就给我们提供了一个适宜的解决方式——模块化，装配型公区。

所谓模块化、装配型公区，就是将众多的使用功能单元化、集合化，将其整合成在一个单元里，每个单元体内设有满足该功能的设施设备，单元体的尺寸可以固化，其形状可以是长方形、正方形、多边形或者圆形，这些单元都在工厂预制完成，在公区现场直接拼装即可。

同时，通过智慧互联技术手段，通过开发网站、移动端进行分时分户预约，在什么时段、需要哪个功能，就通过客户端下单预约，由物业人员负责在公区安装完成，并进行卫生安全处理；使用完毕后，再将单元回收，再次进行卫生安全护理，恢复公区宽敞整洁的环境。这样既可以满足不同人群、不同时段的需求，营造健康安全的活动空间，也可以节约公区空间和施工时间，降低装修成本，实现一对一私人定制的专属空间与灵活的空间布置，针对不同的时段、不同年龄的人群，有不同的设计策略。

表2 集中式长租公寓公共区域空间规划

动静分区	动→静			使用频率
空间形式	开敞空间	半开敞空间	私密空间	
包含功能	咨询接待、等候区、快递收发、无人零售，影音桌游	公共厨房、公共餐位、洗衣房、晾晒区（自然采光）、公共走廊		高
	行李寄存、水吧、屋顶花园（自然采光）	健身房、舞蹈室	图书室、自习室、办公室（自然采光）	低
行为逻辑	等候区→咨询接待→快递收发、行李寄存；水吧→影音区、桌游区→无人零售；公共厨房→公共餐位；洗衣房→晾晒区			

资料来源：李晨，都伟，范晶. 基于群体需求的青年长租公寓公共空间设计研究[J]. 建筑与文化，2019(5): 161.

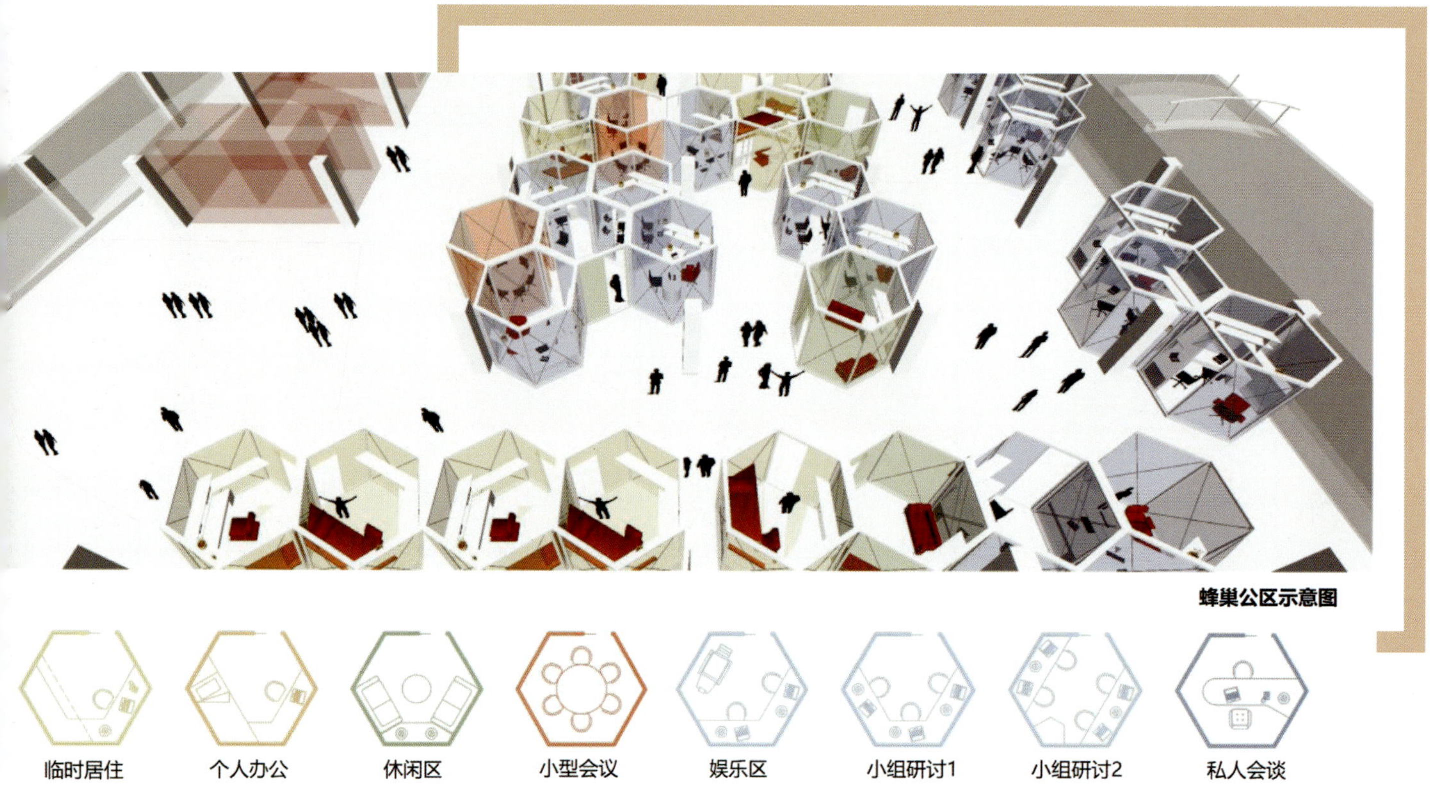

蜂巢公区示意图

| 临时居住 | 个人办公 | 休闲区 | 小型会议 | 娱乐区 | 小组研讨1 | 小组研讨2 | 私人会谈 |

图3　模块化装配式公区示意

六、结语

当然，这里所说的"智慧型"公区设计强调的是一种互动参与式的公区设计，以租客为中心，从他们的需求出发，让他们参与公区设计。分时预约、按需配置的方式，最终会呈现的是一种不断变化的公区环境，让租客获得充满趣味、缤纷多彩的租住体验，其应用场景不仅局限在集中型长租公寓，工业厂房改造、装配式住宅、创意联合办公，都是其应用场景的延伸，更重要的是，每个功能单元之间彼此独立，空间安全也能够得到保证，相信这一点也将是未来"智慧"租住时代公区设计的重要方向。

作者简介

程城
同济大学建筑与城市规划学院
博士研究生。

参考文献

李晨，都伟，范晶. 基于群体需求的青年长租公寓公共空间设计研究 [J]. 建筑与文化，2019(5)：160-161.

城寓服务社区·康定路店

在苏州河畔的氤氲时光
静听老静安的生活烟火

地址：上海市静安区康定路1299弄

SUGGESTIONS ON COMMUNITY HEALTH AND SAFETY OF RENTAL HOUSING AFTER EPIDEMIC

疫情后租赁住房社区卫生安全建议探索

胡世杰 / 文

习近平总书记指出，这次抗击新冠肺炎疫情，是对国家治理体系和治理能力的一次大考。要研究和加强疫情防控工作，从体制机制上创新和完善重大疫情防控举措，健全国家公共卫生应急管理体系，提高应对突发重大公共卫生事件的能力水平。既要立足当前，科学精准打赢疫情防控阻击战，更要放眼长远，总结经验、吸取教训，针对这次疫情暴露出来的短板和不足，抓紧补短板、堵漏洞、强弱项，该坚持的坚持，该完善的完善，该建立的建立，该落实的落实，完善重大疫情防控体制机制，健全国家公共卫生应急管理体系。

上海市也召开了公共卫生建设大会，提出了要按照统一高效、响应迅速、科学精准、联防联控、多元参与的要求，加快完善重大疫情防控体制机制，加快建设与社会主义现代化国际大都市功能定位相匹配的公共卫生应急管理体系。

作为城市的重要人流载体，租赁住房社区既是人流的中心，也是防疫的重心。社区是防疫防控的一线，也是公共卫生安全的前沿。

一、优化空间格局，打造健康空间

租赁住房社区本身就是开放型社区，各种软景、硬景的结合构成了一个微型绿色环境。一个健康卫生的社区，一定在各种自然条件下，都是有益于人们身心健康的。优化空间布局，完善规划设计，借助良好环境，规避天然缺陷，让更多人享受更好的宜居生活。

首先，是分析社区气候条件，包括但不限于风向和日照，根据社区微环境选择最佳场地布局，同时寻找出空气流通较差、绿化覆盖率较低的健康隐患点，在前期设计上和后期运营上尽可能规避该区域成为人群密集场所的条件。

第二，是根据现有消防通道及登高面，确保救护车等车辆能够到达每栋楼的动线顺畅，规划的停车点要远离人群密集点，如果条件允许，最好能预存出一定的车辆掉头或急救物品堆放空间。另外,也要合理规划应急人流动线,特殊时期可以快速指引人流分流并避免拥挤。

第三,是在住宅大堂设计预留无接触式箱柜的空间及应急隔离的空间,前者需要在通风处,后者需要在隐蔽处,既可以保护租客的隐私,也同时保护社区群体的健康安全。同时,借助智能设备,未来可在大堂配置无接触机器人、自动消杀装置、热成像体温检测仪器等,实现科技辅助的社区健康安全措施可落地。

二、景观生态健康化,营造人情味的氛围

租赁住房本身不只是一个住宅项目,也同时是一个开放式的公园。绿植不是单纯的私家花园,而是镶嵌在整体环境中的人文景观。

首先,在社区绿植的选择上,除了本身的绿植以外,可以相应辅助增补一些有益健康的本地可药用的植物,并专门规划区域让社区居民共同参与照料,一方面增长了大家的养生意识,一方面也可以改善大家的身心健康。

其次,使社区人文景观更加卫生化,比如宠物活动区,可以设计小型的宠物清洁站,配备一定清洁纸巾与冲洗设施;而儿童活动区也可以设计一定量的儿童洗手池及消毒液,方便社区儿童随时在大人监管下保持卫生,减少健康隐患;也可以规划一定的健康步道,选择人流较少但较为通风处,并提供一定的夜间照明与休息区设计,鼓励人们走到室外,增强体魄,身心健康,与环境相得益彰。

三、利用大数据,实现互联网 + 社区卫生应急安全管理

租赁住房的重要服务对象是租客。首先是互联网 + 社区卫生安全措施的落地,为租客在其提供的租房服务 App 上建立常规简易电子健康档案,包括常规潜在健康风险日常数据登录和应急突发健康风险临时报备,通过长期数据监测对比,或及时突发事件处置,帮助租客在健康状况不佳时可以将数据及时对接社区卫生系统,减少租客自身及开放式社区卫生安全隐患爆发的可能性;同时辅助配备一些动线上人群密集处的体温监测设备以及应急仓库储备。因为租赁住房社区租客流动性大、潜藏卫生安全风险排摸难度较大,健康监测设备在空间和时间上都存在一定死角,结合租客的自愿登记,能够完善社区卫生应急安全整体水平。

此次新冠肺炎疫情,虽然是一次灾难,但也是一次对未来的启迪与契机,对于我们来说更是一次从应急防患出发的社区安全措施探索。探索人与人、人与社区、人与环境三者之间平衡而正循环的相处模式,那么未来的租赁住房社区,必定能够带给我们更多安全、舒服、便捷、温暖的感觉,让更多人宜居都市生活,安放城市梦想。

作者简介

胡世杰
上海地产租赁住房建设发展有限公司
运营管理部 项目助理。

GERMAN RENTAL MODE AND THE DEVELOPMENT OF RENTAL HOUSING

德国租住模式与租赁房屋的开发

宋磊 司思源 / 文

德国位于欧洲中部,是欧洲最大经济体,也是欧盟中人口最多的国家,同时是全球国内生产总值第四大国。德国不仅仅因为众多知名品牌和高端工业而闻名世界,其国家政策、福利制度以及居民的吃穿住行生活方式都是世界其他国家参考和学习的榜样(2019年年均通货膨胀率仅为1.4%;失业率为4.7%,欧盟最低)。

在居住领域,德国就以居民偏好租房、租赁市场完善、租金管制而著称。目前,德国总计8300万人口,住房总量超过4000万套,其中自有率仅40%左右,大多数民众以租房形式居住。同时,租赁住房率在年轻群体中占比高达77%。德国人对租住生活的偏好,除了对迁徙自由根深蒂固的传统观念外,还与政府完善的政策和机制保障有很大关系。

一、德国住房体系

德国的房屋居住体系比较多元,所有权基本以私人所有为主。居住方式大部分以租赁为主要居住形式。因此,大部分出租房屋以私人出租为主。

(1)按供应主体来看,德国实行开发商建房、合作社互助建房、私人自建和政府保障等多元供应体系。

(2)按居民特征来看,自有住户以三口之家及以上户占比较高。出租以中等收入人群、住房补贴、外国人、学生、低收入人群为主。

(3)按使用类型来看,除了居民的自有产权形式外,租赁住房有学生公寓、租赁公寓和养老公寓三大类型,占据着市场大部分的形式。

表1 德国住房市场分类表

住房种类	居住方式	保障人群
社会住房	低价出租	低收入人群
私人融资公寓	出租	获住房补助人群、外国人、学徒
市场租金住房	出租	中等收入或获住房补助人群
公寓	自住	私有
农庄	自住	私有

业界思考

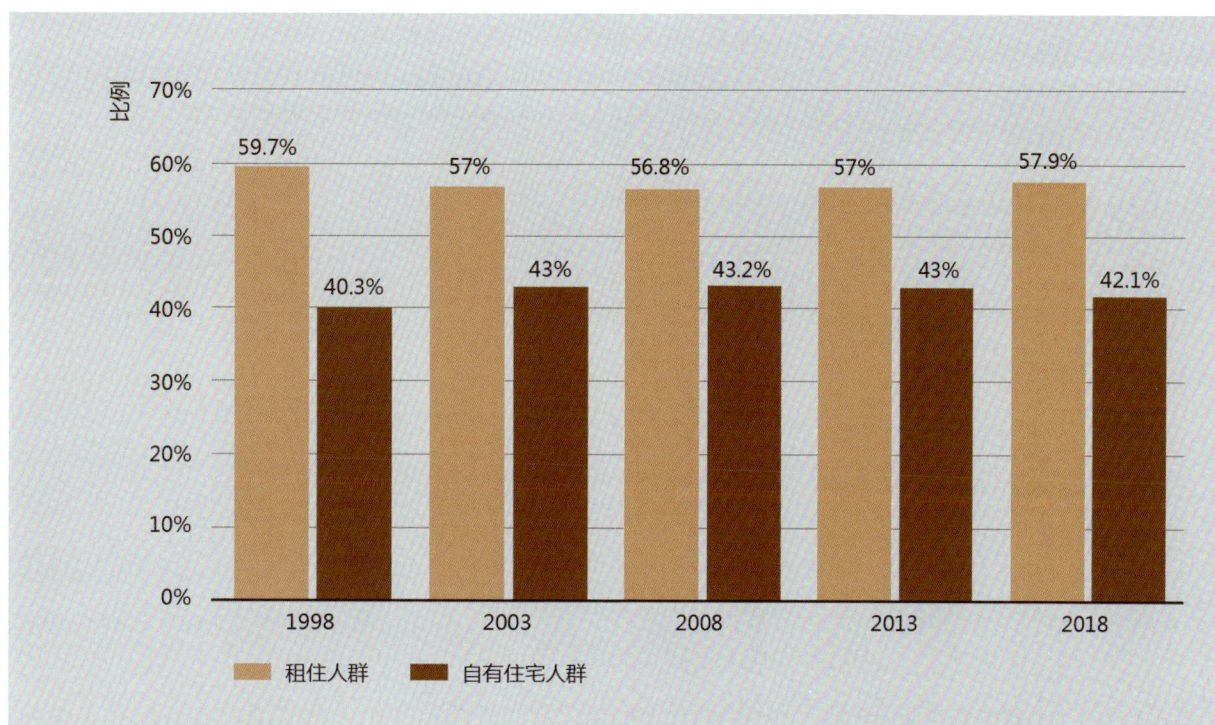

图1 德国租住和自有住宅比例
资料来源：德国联邦统计局官网 .www.destatis.de.

二、公共租赁住房的类型

德国宪法明确规定"住宅不仅仅是经济品，也是公共品。住宅不应该追求利润最大化"。于是，德国政府以市场的方式通过各种财政金融手段构建起庞大的公共住房体系来解决居民住房问题。

1. 按照提供主体划分

公共租赁住房有五类，由市政住宅协会、住房合作社、公共住房协会、教会等慈善机构和其他非赢利组织提供的公共租赁住房。

2. 按照住宅特征划分

一种是自带卫生间和中央供热系统的住宅；二是设施简易的住宅，没有独立的卫生间。

3. 按照租赁形式划分

按照租赁形式有冷租和暖租两种形式。冷租指房客只支付房屋使用的费用，不包括其他费用。而房屋使用时还包括其他杂费：预支税费、暖气费、垃圾费、房屋保险费、地皮税、公摊的水暖费、烟囱费、清洁费、房屋管理费以及设备维护保养等费用。包括这样的费用，就叫暖租。

三、德国房屋租赁市场的政策

德国通过市场机制解决大多数人的住房需求，供给需求决定价格，针对贫困群体予以资助。在德国，住房政策被看作是国家社会福利体系的一个重要组成部分。德国2001年颁布的《住房扶持法》就有明确"社会福利住房的扶持是承担社会责任的住房政策的重要

表2 德国低收入人群标准和住房保障标准

家庭成员数（人）	低收入线标准（欧元/月）	住房保障面积（套内面积 m²）
1	830	50
2	1140	60
3	1390	75
4	1830	90

注：每增加一口人可增加 13m² 以上
资料来源：德国联邦统计局官网 .www.destatis.de.

组成部分"。根据《住房扶持法》，德国政府投入资金建设社会保障住房，并以低于市场的价格投入市场。

1. 房租管制

德国出台了《住房租赁法》和《经济犯罪法》，该法律主要就租房合同的制定、履行、租金水平及涨幅进行约定，并对解约程序进行了严格规范。用来保护租客利益，遏制投资投机性需求。同时，相关法律赋予各州政府享有管理的权限，对于租金的涨幅有明确的限制措施，直接保障了承租人的权利。

2. 退租保护

德国有一系列政策保护租房弱势群体，其中退租保护措施也是最直接的措施。"退租保护"即承租人可以不用给出理由和出租人解约，但是出租人需要在符合法律规定的情况下才能提出解约要求。

3. 住房补贴政策

租房补助的资金来源于德国联邦政府，由各地的社会福利局进行具体行政操作。根据家庭人口、收入、房租给予居民房租补贴，确保每个家庭有足够的租房支付能力，大部分的德国人可以享受不同额度的租房补贴。

四、德国租赁住房开发

德国的土地是私有化的，土地供应相对市场化，同时房价上涨预期比较弱，因此开发商拿地建房的意愿并不强烈。德国现有的房地产开发企业最初基本是国企的住宅组合为基础，之后通过并购和私有化等形成以租赁运营为主业的地产公司。可以说，德国的房地产公司都以重资产运营租赁为主轻开发。其中，德国的房地产集团 Vonovia 和 Deutsche Wohnen 是整个欧洲境内规模排在最前列的房地产公司，分别为第一和第三。

1. Vonovia

Vonovia——欧洲规模最大的房地产建筑公司，于 2015 年成功收购竞争对手 GAGFAH 后更名成立的一家新兴公司。它的前身历史可追溯到 19 世纪国家的非盈利住房和德国鲁尔地区工人住房，之后大力发展于产业基金的支持，在资本的优势之下成功收购德国联邦铁路公司及联合钢铁股份旗下相关物业后迅速壮大。至 2019 年 9 月已发展到德国本土 35 万间、欧洲境内近 40 万间的物业规模，市值超过 530 亿欧元。

（1）商业模式

Vonovia 的发展呈现其典型的金融资产属性，通过金融资本 + 资产管理 + 物业管理 + 融资能力，从金融到金融的闭环，最终实现规模扩张、收益增加、可持续发展的良性模式。

为了给居民提供优质、现代化的居住服务，业务主要包括：公共住房的租赁，新公寓的开发和建设，并对客户提供物业管理到生活配套的相关服务。除此以外，也提供从投资、开发、建设到运营管理全流程的轻资产服务模式。

（2）规模布局

公司资产重点在经济发展良好的区域以及未来可期的地方。在德国本土聚焦核心区域的物业投资，最近几年陆续优化资产结构，出售非核心区域资产，实现持有资产大幅受益。同时，在德国本土及他国提供第三方服务，也积极拓展瑞典和奥地利市场，为当地本土企业提供运营管理，管理着近8万套公寓。

（3）产品策略

因为历史的原因，公司在德国的住宅项目15%的房源起源于第二次世界大战之前，69%的公寓建于1945—1980年，1%的房屋是在2000年后建成的。因此，2017年前基本面对存量强调现代化改造为主要目标，并针对消费客群设置低中高三个产品方向，提供普通住宅、改善住宅、优选住宅的产品定位。

最近几年随着政府政策和社会环境的变化，强调新建住宅的建设力度，并重点对年轻群体、中老年群体和外来人口分别推出普通经济适用房、老年公寓、改善住宅。在施工过程中，以规模化、装配式为主要的手段，大大降低了成本缩减了周期，达到了品质与经济相结合的融合。

（4）服务能力

公司为客户提供居住保障的同时，更强调对终端客户的生活服务。在常规的物业服务的基础之外，对

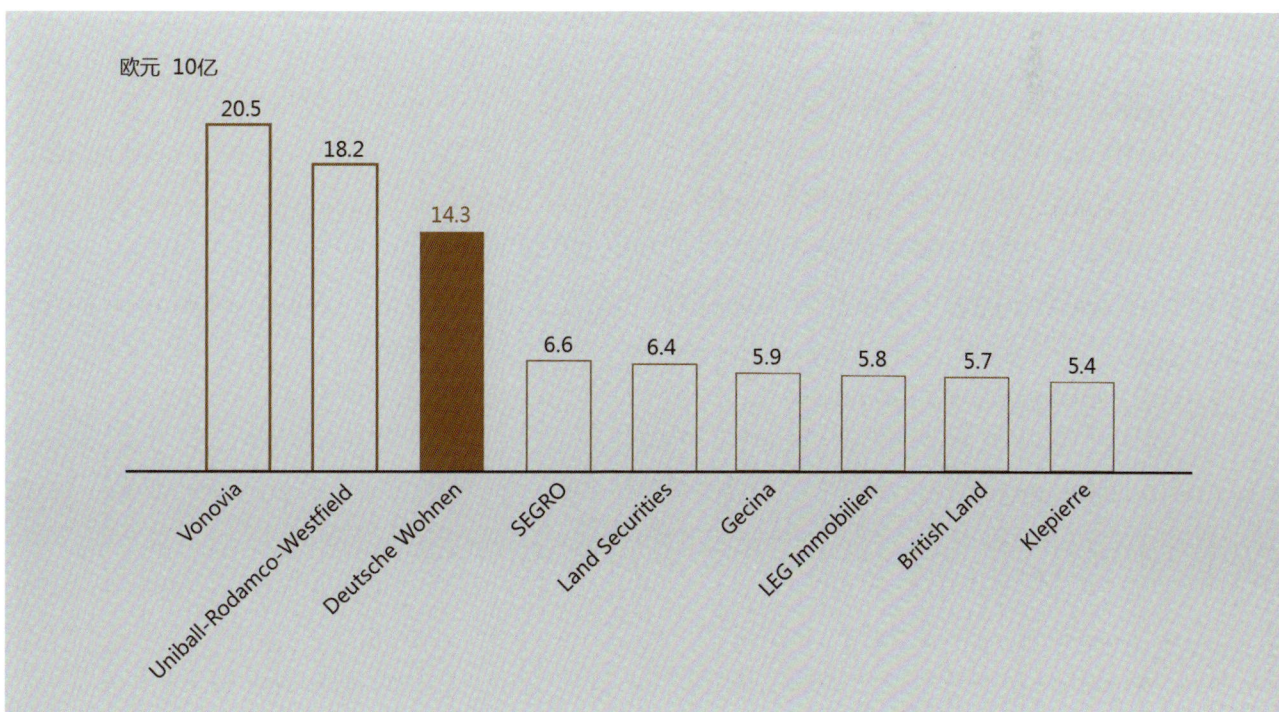

图2　欧洲房地产公司市值排名（2018年）
资料来源：Deutsch Wohnen 2018年企业内部年报

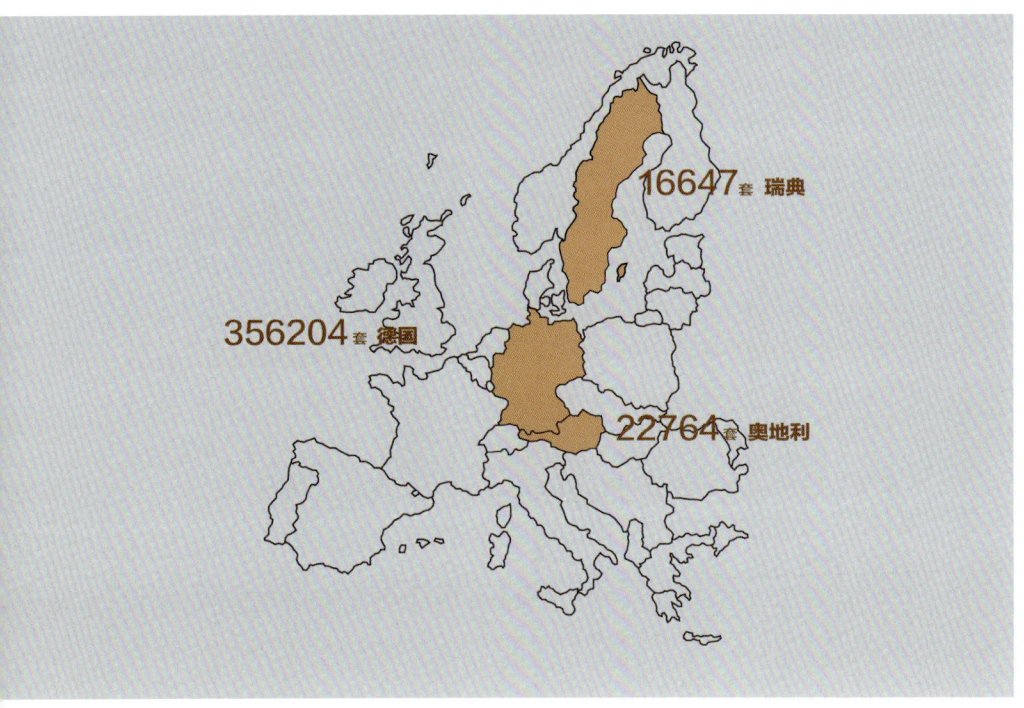

图 3 Vonovia 物业分布图
资料来源：Vonovia 官网 .www.vonovia.de.

图 4 Vonovia 公司总部
资料来源：Vonovia 官网 .www.vonovia.de.

于公共居住环境、日常生活服务等有特别的关注，包括对终端客户提供居住空间翻新、公寓转租、搬家配套、自动抄表、适老化改造等，还关注居民的日常生活，组织文化艺术活动及社交等火车的营造，为居住客户提供从居住到精神享受的服务。

（5）可持续发展

Vonovia 作为经济适用房供应商、服务提供商、建筑承包商和开发商，在德国、瑞典和奥地利三个核心市场中，强调企业的社会责任，可持续发展是企业商业模式不可或缺的一个部分，环境保护、社会责任、政府关系已经是企业的三个重大关注方向。

除了服务好客户和投资者外，也极其关注住房短缺和气候变化带来的社会问题。通过对提供的住宅和社区采取节能和适老化措施，并将这一标准通过产品规范严格落实到管理和新建项目中。

2. Deutsche Wohnen

Deutsche Wohnen 的前身是德意志银行专门管理住宅物业的分支机构，之后独立出来，如今已经成为德国第二欧洲第三的房地产公司，到 2019 年年底其掌管着超过 16 万套物业，近 3000 套商业物业，尤其在它的总部柏林，掌管的物业超过了 11 万套，市值超过 130 亿欧元。

（1）商业模式

公司作为私营房地产公司，主营业务是住宅的持有租赁、物业的销售、护理和生活配套服务三大方向。

（2）规模布局

92% 的物业位于充满活力的都市区和城中心，这些区域良好的经济增长态势将带来可期的回报和发展机会，其中，70% 的物业位于首都圈大柏林地区。

（3）产品策略

该公司定位为未来社区和生活的打造者，公司的宣传

规划和设计之初，了解客户的需求，并使客户参与到设计中，环境的方案和建筑立面的色彩都可能有客户直接进行参与；在施工前，会进行客户咨询和访谈，并沟通选择最合适的施工时间；在新的建设项目中，努力将公共环境留给客户。

（5）可持续发展

公司为满足客户现在和未来的需求，在可持续领域进行了大力的投入，对居住社区进行了公共环境的打造，并对社区的活力打造上进行了一定的投入标准，同时在建筑物业的新建和改造过程中，注重节能环保，提高能源效率。企业作为社会公民对客户、员工、股东、社会和环境负有一定的社会责任，在柏林的四个开发项目就是联合国教科文组织世界遗产。

语也一度为：我们陪伴您创未来的家。对于未来的趋势于数字化、城市化、人口变化和气候变化，因此对于未来的生活趋势提出了如下策略来打造全新的居住理念，可持续发展的邻里关系。

城市化策略：

城市因为良好的就业机会、休闲娱乐和生活配套，吸引着越来越多的年轻人移居到城市居住生活，因此，对于不同消费群体的需求，产品上注重宜居的居住环境的打造，来促进充满活力的邻里结构。

数字化策略：

KIWI系统是针对未来的无钥匙管理系统。在如今的工作和生活中，数字化已经占据了年轻人的大部分时间，数字化也给未来生活创造无数的可能。

（4）服务能力

一切以客户为导向，努力构建企业与客户间的透明的关系，并保持从线上到线下的良好的沟通机制。在新的项目

作者简介

宋磊
中欧建筑传媒中心，策划人；

司思源
中德可持续建筑与城市协会理事长。

新时代租住 NEW ERA RENT

"SAFETY" FOR URBAN TALENTS
为城市人才"安"个家

王沁 / 文

2020年注定是不平凡的一年，一场突如其来的疫情让人们停下脚步，宅到了家中。居家期间，一方面每天新增长的确诊人数、"气溶胶传播""淘大花园"等信息让人忐忑不安，另一方面被禁足在家的人们热烈讨论着疫情期间如何打发居家的无聊时光。与此同时，一个群体却受到了大众的忽视，那就是在城市中租房的人群。

在疫情还未被完全控制时，和他人合租的租客担心与其他租客交叉感染，不敢回城复工；有准备回城复工的租客被租住的社区拒之门外；也有房东不在国内，租客申请不到出入证因而无法出入小区的情况。城市中租客的利益常常得不到保障，不仅仅是疫情期间的面临"无家可归"，或者"有家不敢回"的情况，一些租房里私拉电线、各种大功率电器使用、安全出口物品堆积等状况让人心慌不已；老房子因为租金低廉更容易吸引年轻客户，但老化未经修整的设备引起煤气泄漏、爆炸等问题屡见不鲜，更有租客住在公寓公司代管重新装修的出租屋因长期接触甲醛而患上白血病。

在大城市里，"安全放心"是初到城市的人才对容身之所的迫切需求。

以上海地产集团为代表的国企，其在发挥市场稳定器、压舱石作用的同时，其拥有成熟缜密的操盘管理经验，容易形成闭环，以完整的系统更好地为租客提供居住的安全保障，为城市人才构筑了安全放心的家。

一、建筑品质

作为合作方之一，尤安设计在进行租赁住房的户型设计时，经过了长时间的研发打磨，以住宅品质为核心，户型以单廊式、南北向布置为主，所有的房型均具备良好的采光通风条件，让租客有卫生安心的保障。适合1~2人居住的小面积段户型是租赁住房的主力户型，因此该住宅则以单身客户为主要客群进行面积段设置，租客以合适的成本就可拥有自己独立的空间，在租赁住房社区，可以避免群租现象的发生，不必担心因和陌生人合住导致的安全问题。

那么同样拥有独立小面积单间的公寓型产品又有哪些问题呢？

公寓型产品由于历史原因，有很大一部分来自商办建筑改造，改造后建筑的服务人数将比原建筑设计要多出很多，会导致原有的疏散楼梯数量、疏散距离不够等问题，因此消防上存在很大的安全隐患。租赁住房完全按照住宅设计规范

图1 租赁市场"四宗罪"

以及防火规范设计，在消防上符合规范的要求，住户不必担心有安全隐患。

此外，租赁住房在内装体系上集中采用装配式内装的方式，不释放甲醛，租客不必担心以往公寓管理公司内装体系不完善、不专业导致的装修材料对人体的伤害。

二、社区管理

租赁住房社区由于服务人次较多，对配套、商圈的需求较大，部分租赁住房社区为了更好地服务周边居民，设计了开放式的街区。那么开放街区如何保障租户的私密与安全呢？

不同的租赁社区因开发商的特点开放程度是不同的。从尤安设计的经验来看，社区管理有三类，分别是全开放（上海地产浦东耀华路项目为代表）、半开放（上海城投杨浦区扶苏路租赁住宅项目为代表）、全封闭（宝地上海宝山区月浦炮库项目为代表）。

全开放社区和半开放社区的开放部分主要通过绿篱、景观、铺装等软性隔断，形成心理上的空间过渡，同时在私密空间设置门禁管理，形成关键安全保障。

全封闭的社区等同于传统社区，通过入户大堂—门禁的二级管理，虽然管理上较为便利，但商业街气氛较弱，并不适于人口密度大、通勤时间上较为紧张的租赁客群。

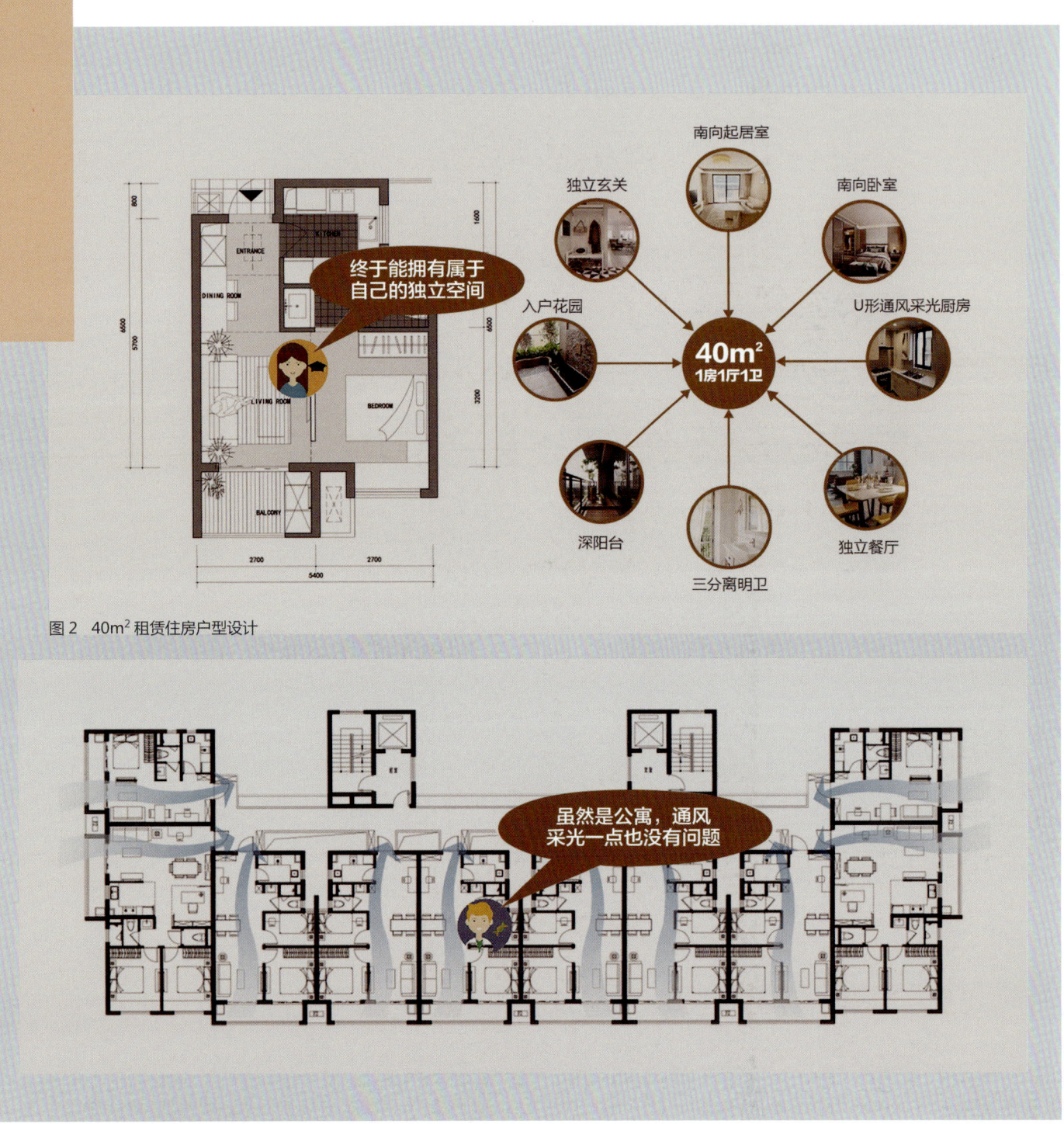

图2 40m² 租赁住房户型设计

图3 租赁住房外廊式平面设计

图4 城方租赁住房社区日常防疫措施
图片来源：城方租赁住房社区

图5 全开放、半开放、全封闭租赁住房社区案例

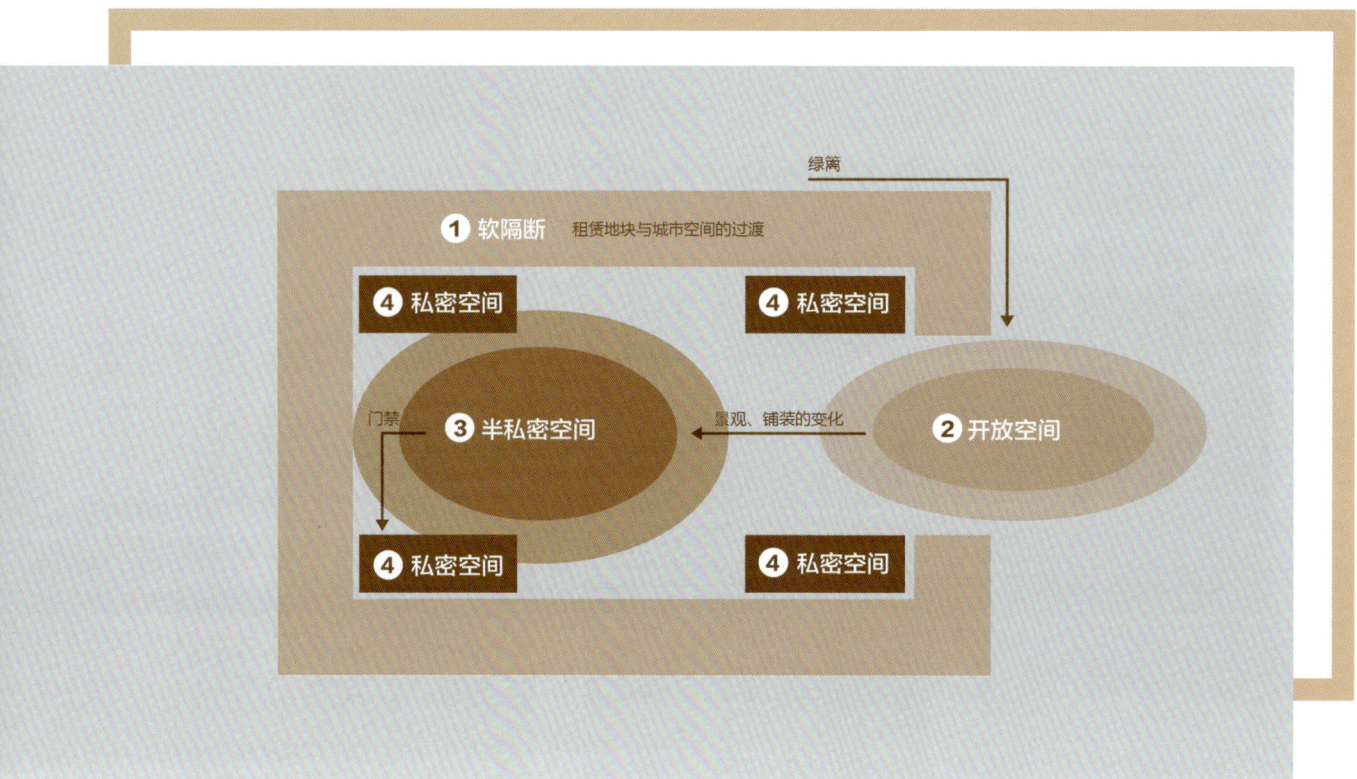

图 6 租赁住房社区空间分析

图 7 开放空间氛围

业界思考

三、安防科技

运用科技的手段，助力租赁住房社区更好地运营，创造一种全新的租赁生活方式，同时又做到安全服务管理。比如城方从成立伊始，携手生态合作伙伴阿里云、中国通信服务股份有限公司联合打造互联网＋物联网＋智慧生活的租赁住房智能化数字运营管理平台，布局规划4大客户端服务+10大管理端服务。同时城方通过互联和物联平台的开发，让生活变得更加智慧、更有情趣。通过App与设备连接，一键就可控制电梯、灯具、门禁、空调等智能化设备，同步智慧人居潮流。通过这样的智能化设施，租客只有通过刷卡才能进入单元楼大门；在电梯内，也必须通过刷卡才能到达自己居住的楼层。这些安防"黑科技"通过设置重重关卡对租客的安全严防死守，通过智能化手段为租客的安全提供"脑力支持"。

四、物业管理服务

租赁住房房源管理系统包含项目管理、楼栋管理、租客管理、合同管理、账单管理等多个业务模块，将整个租赁环节从房屋的建立到房屋的出租，再到合同和租客的管理，以及租客的退租等，形成房屋租赁管理业务的闭环。体系性地提供社区租赁服务，使租客在每个环节都能享受到秩序化、流程化的服务，使入住到退房都安心、舒心。

此外，租赁住房对入住人员有规范严格的筛选机制，居住人员的身份信息都须经过核对和登记，确保住户的身份真实可靠。

在日常服务上，租赁住房有着更训练有素的物业队伍，在日常安保、突发事件的处理上更为规范有序，比如考虑到城市人才普遍较为繁忙、经常熬夜加班，相比普通社区更应加强夜间的巡逻和防控；又如疫情期间，由于租赁住房人员较为密集，增加公共空间消毒频率，并为住户提供符合检测标准的消毒用品等，在人员的复工、返程、出入上，也能统一做好相关证件的提供，这些细节都表明"国企房东"更能为租客的安心居住提供坚实有力的保障。

"安居"方能"乐业"，愿由政府号召、国家队牵头的租赁住房项目成为城市人才的温暖避风港。尤安设计有幸从头参与租赁住房研发，至今已有7个租赁住房项目落地，也为城市建设贡献了一分力量，帮助青年人才在城市更好地发展，城市才能拥有更美好的未来。

作者简介

王沁
UA 尤安设计研发中心研发主创。

生活美学

MEET "SLOW LIFE" IN WONDER HUB
城方堂:在城方堂邂逅"慢生活"

沙淑珍 / 文

图1　城方堂·华山路店实景

木心在《从前慢》中写道："从前的日色变得慢，车、马、邮件都慢，一生只够爱一个人。"在社会进步、城市更新的汹涌洪流中，很多人习惯了两点一线、外卖到家的快节奏，每天被无尽的热点资讯、碎片化信息包围，"慢"这个词被生生碾碎，似乎只能从回忆中找到曾经"慢生活"的痕迹，"慢下来"逐渐成为一种奢求。

如果说"快节奏"是时代进步、工业社会的必然，那么日渐淡漠的邻里关系也是其中的"不良"副产物。这几年韩剧《请回答1988》在国内收获很多好评，豆瓣评分高至9.7分，第一集邻居之间相互送菜的剧情，让很多人受到触动，令人想起小时候楼道间的呼喊、邻里间嘘寒问暖、串门还礼。一些学者研究认为城市社区邻里关系呈现出由以"和平共处型"为主，向以"淡漠封闭型"为主转变的趋势，社区本身逐渐失去促使居民密切交往的功能，社区居民缺少参与社区活动的动力。

很多时候，我们会感受到都市中弥漫着一种看不见却实实在在存在的疏离感，那种简单纯粹的、邻里之间的互动似乎成了不必要的存在。台湾学者张春兴将疏离感定义为：由于社会变迁和都市工业化的影响，使人与其生活环境间失去了原有的和谐，终而形成现代人面对其生活时的疏离感。日本小说家青山七惠在《碎片》《一个人的好天气》等作品里，描绘了日本社会中年轻群体之间普遍存在的人与人的疏离感。这种现象出现的原因可从《低欲望社会》《下流社会》等社会学研究中找到一些解释。

面对"快节奏"和"疏离感"，我们不想被其吞没，想要打破它们的桎梏。于是，作为一家城市租赁住房运营服

图2　城方堂·华山路店实景

务商，城方在居所与都市之间建立一个有温度的社区共享客厅——城方堂（Wonder Hub）。城方赋予城方堂高颜值场景，涵盖 CAFE 精品咖啡、TASTE 多元食集、GALLERY 生活美学、CO-THINKING 共享书社和 SQUARE 社群空间五大元素；城方赋予城方堂多元业态，不限于咖啡轻食、意式简餐、时尚文创、艺术画廊、鲜花绿植、生活美学等；城方赋予城方堂丰盛的文化内涵，年轻、活力、互动、时尚、新颖、有趣等；城方赋予城方堂丰富的社群活动，兴趣社团、分享沙龙、创意集市、交友互动等。城方希望城方堂可以连接居所和城市，都市的青年群体可以在这里体验一杯咖啡加一本书的"慢"，享受一次社群活动加一次交流的"亲密感"和"归属感"。

有一首歌说："生活不止眼前的苟且，还有诗和远方的田野。""诗和远方"并不是触不可及的地方，而是不被忙碌的生活困住自己的心，从快节奏生活重压下跳脱出来，产生一种不属于当下生活的内心境界。这是城方堂所提倡的"慢生活"，也是城方堂一直努力的方向。在城方堂成立的一年多时间里，组织过很多社群活动：夏日美好生活节、露天电影放映会、民谣音乐会、配音尝试、摄影分享、朝鲜油画沙龙、插花教学、咖啡课堂、VR 游戏体验、万圣派对、圣诞集市、白色情人节惊喜……这些无关功利，只为了拉近

图3　城方堂·华山路店实景

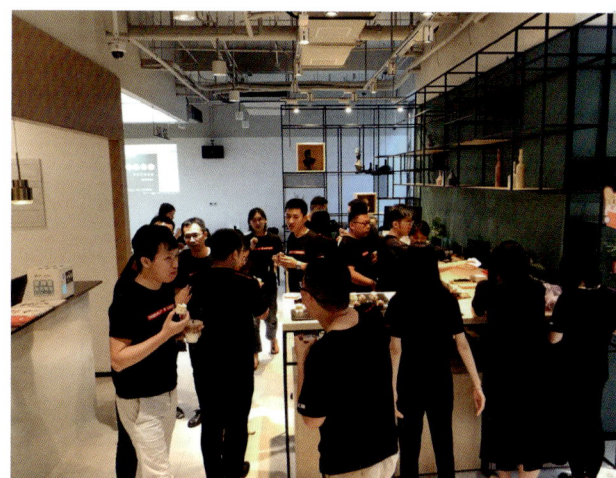

图4 城方堂社群活动

与青年之间的距离,让他们在繁忙生活中获得一丝喘息,让大脑慢下来,感受邻里的温暖。

阿尔卑斯山谷路上有一个劝告游人的标语:"慢慢走,欣赏啊!"或许我们暂时无法去欣赏阿尔卑斯山的美景,但是生活中值得我们慢慢走、去欣赏的事物却很多。在地图上,两点之间直线最短,但人生长河中,两点之间最短的直线却是最无趣的。在城方堂,我们经常展览各类艺术家的画作、展示精巧的文创品,等待青年人驻足欣赏,或是灵魂碰撞,或是被奇思所感动,能在片刻间抽离日常,感受到艺术就在身边。花是生活的点缀,也被寄予诸多情思。在城方堂,用花美化场景,用花交流生活。我们期盼每一个经过城方堂的青年,在抬头的一瞬间,总能被盛放的鲜花治愈,回归最简单的本真。

一位诗人说:"人生充满劳绩,却诗意地栖息在大地上。"我们希望都市青年能在城方堂邂逅诗意的"慢生活"。

延展介绍:

城方堂,作为租赁住房运营服务品牌"城方"旗下致力于构建城市生活温度的社区共享客厅品牌,以精品咖啡为载体构建复合型美好业态,以多元文化内容运营构建活力社群平台,让城市青年在此连接居所与城市,共同打造他们理想生活的栖息之所。

目前城方堂共有3家门店,分别是华丰路店(浦东新区华丰路1号)、华山路店(长宁区华山路1038弄161号)、江月路店(闵行区南江洲路91号)。

作者简介

沙淑珍
原上海城方租赁住房运营管理有限公司旗下创新业务城方堂 品牌营销主理人。

新时代租住 NEW ERA RENT

CHEN XII: CONSUMING LIFE, "GOING OUT OF THE CIRCLE" BRAVELY
辰十二：消费生活，勇猛"出圈"

郭祖年 / 文

2020 年春天，在经历了近半年的业务探索后，城方旗下创新业务辰十二对进行了一轮新的定义与升级。

一、无人便利服务：时间不息，生活不止

以互联互通的数字化物联网络为基础，打造 365 天 24 小时运转的无人自助配套与生活消费服务。主要业态包括：私教健身、专业洗烘、开放货架、共享设备。

围绕 365 天 24 小时的自助服务，辰十二以各业态本身的服务内容与业务逻辑为核心，自主研发了一整套软件端 + 硬件端的智能化服务及管理系统。这套系统一方面为客户提供了非常便利的使用界面，也让城方社区内的自助配套真正达到了可以"每时每刻都在服务"的运营要求。

当然，"无人自助"并非是辰十二服务的终点，在 24 小时健身空间和洗衣空间运营的基础上，辰十二也顺势叠加推出了"有人服务"的私教课程、衣物代洗、精洗干洗等服务产品。这种做法，既可以更好地满足客户多样化的消费需求，也可以更努力扮演好城方"场地经营者"的角色，让原本属于"成本中心"的健身房、洗衣房配套，转变为真正的"利润中心"。

二、租住商城服务：万般精彩，尽在租住

围绕租赁型社区客户的生活需求，打造的专业化、定

图 1 华山路店洗衣空间

图 2 华山路店健身空间

图 3 江月路店健身空间

新时代租住 NEW ERA RENT

图4 辰十二主营业务四大专区

图5 辰十二租住商城小程序界面

制化、本地化的电子商务与本地生活消费平台。主打四大专区：租房必备、居家优选、社区团购、本地生活。

在搭建"租住商城"的过程中，辰十二其实也面临着非常坚实的行业壁垒。"互联网各大军团"气势汹涌、攻城拔寨，似乎已经占领了每一片领域。但直到"新冠疫情"期间，线下门店纷纷闭关歇业，而各类电商平台依旧在有效运转，并且在客户服务过程中扮演着更加关键的角色时，才让辰十二团队最终真正下定决心，着手入场。

而对于如何做好这个"租住商城"板块，辰十二做了大量的行业观察和研究。研究显示，近两年各类垂直细分领域的电商平台，不论是在资本市场还是在大众市场上都获得了很高的认可度，发展迅猛；同时，多样化的电商新模式，也从原本看似"非主流"的边界出发，逐步登上最核心的舞台。比如"严选"模式、"拼团"模式，以及直播带货、社区团购，无数的品牌、人物、平台都在这个蓬勃向上的市场里，不断创造着新的流量热点与商业契机，创造着新的成交额及消费。

基于城方本身的业务内容与客群特色，孵化辰十二自营板块，设计和搭建一套围绕租房与租赁生活的日常需求，以专业化选货配置为基础、定制化客户服务为媒介、本地化生活方式构建为壁垒的租赁社区电子商务平台，在新时代租住生活的产业生态圈中，将具备极高的商业价值。

而这，就是辰十二的电商新模式，是辰十二对于"无人零售"行业的一次继承与发扬，

更是辰十二走向"消费业"与"互联网"的一次勇猛"出圈"！

作者简介

郭祖年
上海城方租赁住房运营管理有限公司旗下创新业务辰十二主理人。

新时代租住 NEW ERA RENT

BEAUTIFUL BUT FRAGILE, RENTING SHOULD NOT BE ASSOCIATED WITH SECURITY RISKS

美好但脆弱，租房不应与安全隐患为伍

徐磊 / 文

在大学毕业来到上海租房生活之前，我并不知道空间狭小的准确含义，当然这并不是在炫富，小时候住的地方不豪华，但往往都很大，堆满家里的杂物，也堆满我的童年。

现在我们回想起童年，总让人感到安心，或许是因为和如今孤身闯荡江湖的心境不同，那些会让孩童感受到彷徨、危险、无助的不安全因素，往往都被大人们挡在了身后。

但当我们迈向轻熟，或许尚不需要为自己的孩子担忧，轮到自己面对这些不安全因素的时候，总会怀念处处有人为自己分担的童年。

一、出租房的青春

2014 年的夏天，刚毕业的我选择住在上海虹口区四平路一个住宅小区里。

一个原本三房两厅的格局，被改出了 7 个卧室，没有客厅、没有厨房，唯一的公共空间便是一条没有采光、爬满网线的漆黑过道。我的房间在过道的尽头，大约 6 平方米，房间内一个衣柜、一个书桌、一张单人床，再加一个朝北的飘窗，有采光，但没有阳光，一个月租金 1500 元。

和隔壁房间只隔一道脆弱的胶合板隔墙，再加上为了共用空调，房东在墙的顶端掏了一个洞，所以整个房间隔音效果几乎为零，任何一点细微动响都能收到耳中。于是经常有一些让人头痛的时候，比如思考的时候被打断思路、刚入睡被吵醒、想家的时候听到室友回家。

空间狭小也许并非只是物理上的感觉，当自己的耳朵失去自由，自己的隐私失去屏障，可以放心活动的空间便被无限缩小，最后，人就像被关在了一个玻璃盒子里，不仅感受不到安全，而且冰冷、易碎。

很快，我搬离了这里，因为警方取缔非法的出租房，民警的出发点是为了我们的安全，也确实让我感受到了危机，这种是非的冲突，或许就是青春彷徨的内核吧。

二、与世界的第一次触电

我后来在世纪公园租了一套两居室，而且自己重新装修了一翻，当自己终于有能力决定居住的地址、房间的大小，甚至装修的风格，真的是一件很幸福的事情。这个过程让我第一次在上海找到了归属感。但过程中也有一些细节，虽不重要，但回想起来也让人感到后怕。

因为房子装修了很多年了，墙上的插座和开关面板是一定要换的，于是我从淘宝上买来崭新的一批白色开关面板，若是配上刚粉刷好的墙面，效果一定非常令人满意。当时被这股子兴奋劲冲昏了头脑，觉得换面板这种事不用专门请电工，决定自己上。

开始的几个还很顺利，但换到主卧室吊灯开关面板的时候，因为主卧吊灯由进门和床头两处开关控制，所以涉及的电线比较复杂，于是我被难住了，左手拿着面板，右手捏着电线，脑子里一团糨糊：这个接这里？不对……那里对不上……接下面？长度不够啊……上面？试试吧……

"啪！"

瞬间，我那因为思考而走神的大脑陷入一片空白。

短暂的愣神后，我才发现自己的右手已经松开了电线，只剩下食指指尖的位置传来一阵尖锐的酥麻，这时候我才后知后觉，那是刚才不小心触碰到电线橡胶之外的地方——我触电了。当时并没有很恐怖，就像小时候同桌拿拆下来的打火机点火器，偷偷电我的大腿一样。

后来请专业的电工来装吊灯，我用开玩笑的口吻和他闲聊起这个事，从他的眼神里，我看出了一丝"你小子命真大"的意味。

今天想来还有些后怕，自己租房，自己装修，其实也就等于把自己置身于一种危险，或许现在能再回忆这段经历，也是一件劫后余生的幸事吧。

新时代租住 NEW ERA RENT

三、疫情下的"外地人"

我一位上海的朋友,她租住在上海的一处老公房。

2020年3月,从老家回到上海,因为正处在新冠肺炎疫情的关键时刻,她需要居家隔离14天,没想到在第2天,房东却打电话通知她搬走。

"你是外地人,可能有病毒。"

她的确是外地人,但并不是从湖北过来,老家也没有大面积暴发疫情。尽管我们常说,在灾难之下我们要团结一致,我也相信,可能99.99%的人做到了这一点。但这个城市太大了,总会有人遇到那0.01%的意外。

于是我脑中浮现一幅画面,在因疫情危如累卵的上海,一个拖着行李箱的女孩儿,试图寻找一间可以安心租下的房子,面对竖起高墙的小区,无助在心底蔓延,脸上却还试图绽放出一样的笑脸。

四、租住植根于安全

我想,习惯租房生活的人,大多经历过类似的事,初到的彷徨、隐藏在细节里的危险以及落难时的无助。

因为经历过这样的事,所以对于未来,我们也多了很多期待。

期待相关法律法规的健全,期待装修品质的提升,期待一个社区都是一样的人,互助、包容,期待我们的租住生活能够真正植根于安全。

也相信,租赁社区这样一个新物种,一定能妥善安置这些充满期待的灵魂。

作者简介

徐磊
"90后"自媒体作家,用文字描绘城市的建筑师。

新时代租住 NEW ERA RENT

THE BEAUTY OF LIVING AND DOING IN RENTING LIFE
租住生活下的住之美与行之美

殷田 / 文

图1　伦敦交响乐演出现场

很多朋友经常会问我什么是美？是定格在美术馆聚光灯下的名家油画？还是端坐在音乐厅亲临一场大师交响乐？抑或是悠闲午后餐桌上的精致茶点？美的范围很广，可以从哲学的角度去谈论美，也可以从艺术史的角度去切入，但我不喜欢对美作之乎者也的定义，这是由于很多事物一旦无谓地刨根问底，得到的结果往往会背离人心，愈发使人产生更多的困惑，错失的恰恰是过程中的惬意和惊喜。我想聊的美学或我真正感兴趣的美，往往是不经意间发生在自己生活中的局部，因为这样的美更加贴实，更易知足，也更会与熟悉的生活产生共鸣。

印象派的绘画在19世纪七八十年代达到了它鼎盛时期，这种在当时敢于打破传统绘画规矩的"完成度"，也是在"摸石头过河"式的大胆探寻中逐步走向成功。如今再细品印象派绘画，从画室走向户外自然环境的创作，通过对转瞬即逝的自然光影丰富变化的捕捉，努力用色彩再现视觉真实，甚至是那富有急促及韵律的笔触之战都可以揣摩出画家当时创作的心境。这种对转瞬即逝的美景追忆的表现欲，正是这些巴黎青年对美学的部分认知。然而谁又能想象这样一批在当时所谓的前卫画家，在同时期的学院派及沙龙审查官的眼下

图 2 卢浮宫内艺术藏品

却格格不入。因而"印象派"一词起初也带有另类、嘲讽、歧视的色彩。由此可见,绘画史的"美"在不同历史时期也是褒贬不一、充满变化的。

再把时间切换到现代,想象一下在繁忙的都市不断兴起的休闲事业。音乐发烧友可以为了跟随潮流购买价值不菲的白金唱片,青年男女下了班急匆匆去赴约略显仪式感的音乐会,甚至是在从未听说的乐队面前人云亦云地齐聚音乐节。没错!这些追逐的东西都可以称之为

图 3 印象派绘画——露台上

艺术，具象化的表现形式可以是绘画、音乐、戏剧……但有时欲速则不达。正如蒋勋老师在《品位四讲》里曾说过："艺术本应带给我们美的感受，然而到最后如果艺术多到好像我们被塞满而没有感受了，那便是适得其反。"这种带有盲从跟风及自我炫耀意味的意识只会让我们变得比原来更疲惫、更沮丧而已。这也恰恰印证了他的美学观点，"艺术并不等于美"。

说到这里也许你会开始疑惑，或者莫名地又生起了那股子刨根问底的劲儿，你应该会问："那说了半天，到底什么是真正的美？"这我也说不好，也说不完整，但我可以说说我心目中的美，它不用很宏大，也并不用很遥远，因为它就在我自己现实生活实际发生，更准确地说，是在我的租住生活中发生。

图4 白掌花

我窗台边有一盆白掌，是我新租房子时网购来的，来时还都是绿叶。过了短短一个月的时间，在绿叶丛中竟然开出一朵白花。从网上了解到白掌花期仅有两三个月，一年仅开一次后，我顿时对这份小惊喜格外珍惜，仿佛它也是我的租友，与我在同一个屋檐下享受自由的租赁生活。当然美的产生也是有条件的，焦虑、匆忙、纠结与美是无缘的。因此，在现代繁忙都市生活下，内心不安的朋友谈及美只觉得渐行渐远，更别提去发现美了。

一周七天，我最喜欢的是周五下班后的时光。这是一段从忙碌中暂时脱离、享受独处的租住时光。屋子可以不大，但那刻的心情必是最舒展和最放松的。任由姿态与慵懒的沙发保持同步，可以读一读未拆封的文学小说，看一看心愿单关注许久的老电影，听一听心驰神往后不禁哼唱的北欧民谣，此时

图5 客厅一角

图4 远眺杨家宅

若再来点微醺与烛光做伴，真的有种快活似神仙的感觉。布莱特比尔曾说过："未来不仅属于受过教育的人，更属于那些善用闲暇的人。"房子是租的，但生活不是，闲暇的时光不虚度，多发掘一些自己的嗜好与兴趣，我想这又何尝不是一种美呢？从感官流淌至内心的舒坦。蒋勋老师还说过："美应该是一种生命的从容，一种生命的悠闲，一种生命的豁达。"我也相信美的表现形式从古至今都不是单一化的，当速度放慢了，内心放平了，就会体味到发生的美，而追溯生活的美学实际就是在我们衣、食、住、行当中体现。

一、住之美

为了方便上下班，节约通勤时间，我也选择了租房。在租赁合同上签字的那一刻起，我意识到我已成为一名光荣的租房客，从此也要开始对自己的生活负责，学会独立自主。三十而立，自己仔细想了想，租房租的真的仅仅就是房子吗？想象到未来一年甚至更久，我将与这间屋子朝夕相处，为何不能用家去形容去爱"她"，但房子并不是家，只有用心经营、装点过的才能叫作家。新租的房子进行了一周多的安顿，房间的布局也按我的生活方式做了适当调整，还增配了少许软装家具和绿植物，为的就是把家装点成我想象中的样子，少去几分华而不实，增添的是情感的生活气息。

记得在安顿地总算有点眉目时，我第一时间邀请了三五好友一道在我的新居欢聚一堂，当大家手中的红酒杯在一桌美食前愉悦地发出清脆的碰杯声时，仿佛在为我油然而生的租住生活走向家之美的小窃喜而庆祝。至今我依旧能在我所租的房子里感受家的温馨，因为这里是我独处并享受个人时光的天地。当然这里也可以是我与家人或朋友交心欢聚的场所——一个可以按自己的生活方式并享受生活的地方，一个可以在租住生活下充满更多期待去探寻住之美的地方。

二、行之美

我非宅男，旅行也是我生活中发现美与认知美很重要

新时代租住 NEW ERA RENT

图 5　松阳杨家宅

的一部分。或许有朋友一聊旅行，总爱彰显自己去过哪里，而所聊之地在他们口中常常被一句"好玩"或"不好玩"草草总结，旋即话题又绕回"哪里买东西划算""哪里酒店性价比高"等等。故而，聊起旅行我还是更喜欢国内，一方面人文历史更为亲切，一方面说走就走的行程安排也更容易。

丽水松阳是我 2019 年 4 月作为背包客的旅行点之一，我很享受一个人的旅行，因为路线可以按自己意愿走，旅行的节奏可以自己把控。一副耳机和一台微单相机是我旅途的心灵补剂，俗话说"鱼与熊掌不可兼得"，但旅行中的我却是有些小贪心的，音乐与美景是需皆得的，耳机里循环播放 Oh Wonder 的 Technicolour Beat 让我在旋律声中忘却了徒步的疲乏。只身行走在若世外桃源般的百年古村落——杨家堂，初到此地印象最深的感受就是被淡化了的时间概念。这里略显斑驳褪色的马头墙面，依仗千年的大樟树，还有古民居与周边自然的和谐统一，让我情不自禁拿起手中的相机按下了快门。我所记录的不仅仅是眼前的美，更是一种无法言喻的感动，有几时我误以为自己也是这里久居多年的江南村民。清晨静坐在古村对面的凉亭，我放空了许久，内心在那时格外平静，也从未如此舒怡，听见的只有林间忽隐忽现的鸟啼声，村口公鸡的打鸣声也不觉得吵闹，反倒更像是大自然对我这位不速之客的馈赠。那一刻让我相信自己真的可以被大自然疗愈，可以让我从繁忙都市中找回自己，这种若隐若现的感受似乎与儿时嬉戏在田野地里的那种轻松自在不约而同，只是时空和经历让我久违了这份恬静之美。独自停驻于山田之间，呼吸着的是天地之气，聆听着天籁之和弦，内心也感受到生命与大自然有许许多多的对话，此时此刻的我，感受到"美"不再虚无缥缈，因为我真真实实地感受到了行之美。

生活中其实有许许多多的美，我们应怀揣尊重与关心，当你怀疑自己发现美的能力时，不妨把生活节奏的速度放慢一点，内心放平一些，美才会清晰，才会有生命。

生活美学

图 6　心向花开

作者简介

殷田
上海城方租赁住房运营管理有限公司
技术管理部设计经理。

都市新形

场景无界限

社交无缝隙

信息可裂变

服务多元化

资源皆可得

作者简介

陈厚文
上海画家，上海聆者品牌咨询机构创始人；

顾青
建设银行上海黄金城道私人银行金融理财师、注册房地产估价师、造价工程师。

图书在版编目（CIP）数据

租住植根安全 / 上海城方租赁住房运营管理有限公司主编 . -- 上海：同济大学出版社，2020.7
（新时代租住）
ISBN 978-7-5608-9279-5

Ⅰ.①租… Ⅱ.①上… Ⅲ.①租房 - 住宅市场 - 市场管理 - 安全管理 - 中国 Ⅳ.① F299.233.5

中国版本图书馆 CIP 数据核字 (2020) 第 104002 号

新时代租住 02
租住植根安全

上海城方租赁住房运营管理有限公司 主编

出 品 人　华春荣
责任编辑　由爱华
责任校对　徐春莲
装帧设计　吴雪颖
出版发行　同济大学出版社 www.tongjipress.com.cn
（地址：上海市四平路 1239 号　邮编：200092　电话：021-65985622）
经　销　全国各地新华书店
印　刷　上海安枫印务有限公司
开　本　889mm×1194mm　1/16
印　张　5.5
字　数　176 000
版　次　2020 年 7 月第 1 版　2020 年 7 月第 1 次印刷
书　号　ISBN 978-7-5608-9279-5
定　价　55.00 元

本书若有印装问题，请向本社发行部调换　版权所有 侵权必究